中公新書 2594

野口雅弘著

マックス・ウェーバー

近代と格闘した思想家

中央公論新社刊

はじめに

本書では、ドイツの法学者・経済学者・社会学者のマックス・ウェーバー（一八六四〜一九二〇）の「哲学的・政治的プロフィール」を描く。

ウェーバーの名前を聞いたことがあるとすれば、まずなんといっても、『プロテスタンティズムの倫理と資本主義の精神』の著者としてであろう。このほかにも方法論を扱った『社会科学と社会政策にかかわる認識の「客観性」』、第一次世界大戦後の体制構想を語った「新秩序ドイツの議会と政府」をはじめとする政治的エッセー、そして晩年の二つの講演『仕事としての学問　仕事としての政治』（『職業としての学問』『職業としての政治』）などは、アカデミズムにとどまらず、ジャーナリスティックな文章でもたびたび引用されてきた。

ウェーバーはビスマルク（一八一五〜一八九八）が活躍した時代に成長した。このためナショナリズムと国家権力を中心とした、いまからするといくぶん古めかしい政治理解を保持し続けた。同時に、ロシア革命に強い関心を抱き、ロシア語を勉強し、ロシアの新聞を取り寄せて、『ロシア革命論』を書いた。もちろん、この世代のヨーロッパ人の多くがそうだったように、第一次世界大戦はウェーバーの思考を大きく揺さぶった。こうした時代状況のなかで、彼は多くの政治的な文章を書き、同時に宗教社会学の研究に取り組んだ。第一次世界大戦の戦後構想として、国民による投票で直接的に選出される人民投票的大統領制を提唱したが、ワイマール憲法体制の行く末を見届けることなく、したがってナチズムの台頭に直面することなくスペインかぜ（スパニッシュ・インフルエンザ）によると推測される肺炎で急逝した。

今日でも人文・社会科学の諸分野でウェーバーの名前とともに語られる概念やメタファーは少なくない。神々の闘争、鋼鉄の殻（鉄の檻《おり》）、法の形式合理性、魔法が解ける（脱魔術化）、カリスマ、レジティマシー（正統性／正当性）、家産官僚制、理念型、理解社会学、信条倫理・責任倫理などである。

本書では、マックス・ウェーバーの生きた時代、重要著作、そして基礎概念などに言及しつつ、基本的に年代順にウェーバーの生涯を描く。ユルゲン・ハーバーマス（一九二九〜）の旧著に、哲学者のメモリアル・イヤーなどに新聞の文芸欄や雑誌に寄稿した文章を集めた『哲学的・政治的プロフィール』（一九七一年）という本がある。今年、二〇二〇年はウェーバー没後一〇〇年に当たる。本書もこの節目を少し意識しながら、いま、日本語でマックス・ウェーバーを読むということの意味を考えてみたい。かなり前に彼の本を読んだことはあるが、長らく忘れていたという人や、最近どこかで彼の名前をはじめて耳にして、少し気になっているという人が、本書が主として想定する読者である。

＊＊＊

「超国家主義の論理と心理」を執筆した直後に、政治学者の丸山眞男《まるやままさお》（一九一四〜一九九六）は、大学新聞に寄稿した「何を読むべきか」（一九四六年）で、次のように書いている。

マックス・ウェーバーの『社会科学と価値判断の諸問題』や『プロテスタンティズムの倫理と資本主義の精神』などは、社会科学の「主食」中の主食で、よく咀嚼《そしゃく》すれば全文字悉く《ことごとく》栄養分になります（『丸山眞男集』第三巻、三七頁）。

これに続けて丸山は「私の考えでは、マックス・ウェーバーと対決することなくしては少くも学問的には一歩も前進出来ぬと思います」とも書いている。東京大学出版会の雑誌『UP』が毎年四月号に掲載している「東大教員が新入生にすすめる本」や、いくつかの大学図書館が設けている「教員お薦め本」コーナーなど、ウェーバーの著作は長い間、定番の地位を占めてきた。

しかしこのことは、世界中どこでも、マックス・ウェーバーが社会科学の古典として、同じように読まれてきた、ということを意味しない。たとえばフランスでは、デカルト的な合理主義の思想伝統が（後述するような）ウェーバーの合理性論と食い違ってしまうこともあり、ウェーバーはそれほどメジャーではなかった。例外は、社会学者のレイモン・アロン（一九〇五～一九八三）の仕事だった。ドイツに留学していたアロンはジャン＝ポール・サルトル（一九〇五～一九八〇）に現象学を教えたことでも知られている。しかし、フランスの読者が支持したのはアロンが紹介したウェーバーではなく、むしろ実存主義者のサルトルの方だった。そして規律化をはじめ、ある意味ではとても近いことを問題にしながら、ミシェル・フーコー（一九二六～一九八四）がウェーバーに言及することはほとんどなかった。

また、アメリカやドイツにおけるウェーバーの受容も、日本の大学でのそれとはかなり異なっていた。ハイデルベルク大学に留学していたタルコット・パーソンズ（一九〇二～一九七九）は一九三〇年に『プロテスタンティズムの倫理と資本主義の精神』を英訳したが、ウェーバーの思想に留《とど》まることはせず、彼自身の社会システム論の構築に向かった。

これに対して、日本では、世界的にも例外的なまでに、ウェーバーの著作が熱心に読まれてきた。一九八四年に、ドイツの出版社モーア・ジーベック社で、マックス・ウェーバー全集（Max Weber-Gesamtausgabe）の刊行が始まったとき、注文の三分の二は日本からのものだったという。この事実は、ドイツの関係者を驚かせた。日本語で書かれたウェーバー関連の文献がいかに多く、充実していたとしても、日本語圏の外でそれらの文献は知られていなかったからである。その当時、日本での研究が言語の壁を越えることは、一部の例外を除いてはほとんどなかった。このため衝撃はいっそう大きかった。「なぜ日本で、それほどまで熱心にウェーバーが読まれているのか」という問いは、ドイツで歴史社会学やヤパノロギー（日本学）の研究テーマになった。一九九八年にドイツの歴史家ヴォルフガング・シュヴェントカー（一九五三〜）によって *Max Weber in Japan* という本がドイツ語で書かれた。この本はその後、日本語訳され、『マックス・ウェーバーの日本』というタイトルで刊行された。シュヴェントカーは大阪大学の教授になり、日独の知的交流に関する研究を続け、福田徳三《ふくだとくぞう》（一八七四〜一九三〇）の足跡をたどるなどの仕事をした。福田は、ミュンヘン大学でウェーバーの前任者だったルヨ・ブレンターノ（一八四四〜一九三一）のもとで学び、ドイツ語で日本経済史についての著作（一九〇〇年）を刊行した経済学者である。大正デモクラシーをリードした人物としても知られている。

日本の読者がウェーバーにとりわけ強い関心を寄せたのには、いろいろな事情があるだろう。一つの重要な要因として、日本の社会科学者の大きな課題が「ヨーロッパ近代」を摑《つか》むことであり、ウェーバーの著作はこの課題へのヒントを提供するものだった、という点がある。ウェーバー自身も自分が「近代ヨーロッパ文化世界の子」であるという意識を強くもっていた。彼の宗教社会学の基本的な関心は「ヨーロッパ近代」の特殊性と普遍性に向けられる。「西洋の衝撃」を受け、ヨーロッパからさまざまな知を輸入してきた日本の知識人にとって、ウェーバーによるこの問題設定は避けては通れないものに思われた。戦後の民主化は、ある意味ではこうした「ヨーロッパ近代」を学び直す過程だった。

今日では比較的気楽に読める作品を出版している角川文庫の巻末にはいまでも、一九四九年五月三日の日付で「角川文庫発刊に際して」と題する角川源義《げんよし》の文章が付されている。

西洋近代文化の摂取にとって、明治以後八十年の歳月は決して短かすぎたとは言えない。にもかかわらず、近代文化の伝統を確立し、自由な批判と柔軟な良識に富む文化層として自らを形成することに私たちは失敗して来た。そしてこれは、各層への文化の普及滲《しん》透《とう》を任務とする出版人の責任でもあった。

一九四五年以来、私たちは再び振出しに戻り、第一歩から踏み出すことを余儀なくされた。これは大きな不幸ではあるが、反面、これまでの混沌《こんとん》・未熟・歪曲《わいきょく》の中にあった我が国の文化に秩序と確たる基礎を齎《もた》らすためには絶好の機会でもある。

「西洋近代文化」を学び直そうとした世代が、とりわけ熱心にウェーバーの著作に手がかりを求めたのは決して偶然ではない。本書では、主として「ヨーロッパ近代」のスケッチャー（素描する人）としてウェーバーを解釈し、その思考をたどる。そして同時に、ウェーバーによって描かれたスケッチから学ぼうとした日本の読者の受容の仕方についても注目していきたい。

＊＊＊

「ヨーロッパ近代」を素描した人という側面にとくに注目しながら、ウェーバーの哲学的・政治的プロフィールを描く、というのが本書の基本コンセプトである。

このように書くと、いかにも教科書臭いと思われるかもしれない。しかし、今日、こうした試みは真剣な批判的自己省察にならざるをえない。世界的に「リベラル・デモクラシーの衰退」や権威主義体制の台頭が指摘され、「近代からの撤退」、「近代的価値観の後退」、あるいは「民主主義の脱定着」（フォア／モンク）などが論じられている。

かつて日本の知識人たちがウェーバーのテクストを読み解きながら考えたように、「近代」を語ることが、いまやとても難しくなっている。たとえば、経済成長を続け、キャッシュレス決済が世界のどこよりも進んでいるが、監視カメラが無数に張り巡らされ、デモなどの政治的な自由も著しく制限されているような体制を「前近代」や「近代」という図式で論じることにはかなり無理がある。大学の講義でも、丸山の時代に比べて、ウェーバーが登場する頻度は確実に下がっている。「ヨーロッパ近代」とはなにか、というような問題設定ではもはや把握できない領域が拡大したことが大きな理由の一つであろう。

しかし、マックス・ウェーバーがスケッチした「ヨーロッパ近代」、そしてそれを自分たちの歴史的文脈で読んできた日本の研究者によって蓄積されてきた議論はもはや意味がないかというと、そういうことでもない、と私は考えている。「近代的な価値からの撤退」がいわれている時代状況だからこそ、かつて「ヨーロッパ近代」について考えたウェーバーという人とその受容について振り返って考えてみる必要があるのではないか。坂を下りきる前に、この坂の傾斜を見極めておかなければならない。

この小さな本では、こうした問題意識で、マックス・ウェーバーの哲学的・政治的プロフィールをあらためてたどり直してみたい。

地図作成／ケー・アイ・プランニング

凡　例

一、引用の出典を示す際には、次の略号を用いる。
MWG…マックス・ウェーバー全集（たとえばMWG I/17は、全集第I部第17巻を、S.のあとの数字はページを表す）
『プロ倫』…『プロテスタンティズムの倫理と資本主義の精神』
『仕事』…『仕事としての学問　仕事としての政治』
一、参考文献の書誌情報は巻末のブックガイドに記す。
一、ウェーバーのテクストの邦訳については、とくに断わることなく修正を加えた箇所がある。
一、原則として、書籍のタイトルには『　』、論文や講演のタイトルには「　」を用いる。同一のタイトルでも、書籍を表す場合は『プロテスタンティズムの倫理と資本主義の精神』、論文の場合は「プロテスタンティズムの倫理と資本主義の精神」とする。

マックス・ウェーバー　近代と格闘した思想家

マックス・ウェーバー
Max Weber, 1864-1920

第一章　政治家の父とユグノーの家系の母

――ファミリーヒストリー

政治と宗教という二つの領域も、そのいずれもが完全に合理化されたばあい、たがいに相容れないものとなることは同じであるが、経済とは異なり、政治は決定的な諸点において宗教倫理に対する直接の競争相手として登場しうるという点で、宗教との関係がとりわけ尖鋭な形をとることになる。

MWG I/19, S. 490.「中間考察」『宗教社会学論選』一二〇頁

関連年表

1805　母方の祖母エミーリエ・スーシェー生まれる
1815　ビスマルク生まれる
1836　父マックス生まれる
1844　母ヘレーネ生まれる
　　　ニーチェ生まれる
1847　ハイデルベルクのファレンシュタイン家のヴィラ完成（現在の「マックス・ウェーバー・ハウス」）
1850　チャニング全集のドイツ語版が刊行開始（〜1855年、全15巻）
1863　両親結婚
1864　４月21日　マックス・ウェーバー、エアフルトに生まれる
1868　弟のアルフレート・ウェーバー生まれる
1869　ウェーバー家、ベルリン・シャルロッテンブルクに移る
1870　普仏戦争（〜1871年）
1872　父、帝国議会議員になる
1878　社会主義者鎮圧法成立
1881　祖母エミーリエ死去
1890　後藤新平、ベルリン留学

エアフルトで生まれる

いちばん最初に生まれた子どもというのは、よくも悪くも、その親の影響を受けやすい。親の期待が大きいせいなのか、親に余裕がないせいなのか、いずれにしても、末っ子が比較的自由に育てられるのに比べると、長子に対する親の呪縛は概して強い。このことは、最初の子どもが両親、あるいはそのいずれかに似る、ということでは必ずしもない。場合によっては、強い反発という形をとり、結果として遠く離れることもあるだろう。しかし、それなりに強く規定するものがあればこそ、反発は強くなり、離反の距離も遠くなる。

マックス・ウェーバーは、一八六四年四月二一日、ドイツのエアフルトで、八人兄弟の最初の子として生まれた。ベルリンの壁が存在していた頃、この都市は東ドイツにあった。また、エアフルト大学はドイツではハイデルベルク、ケルンに次いで古く、マルティン・ルター（一四八三～一五四六）も学んだ大学だったが、一九世紀のはじめに閉鎖され、一九九四年になって再び開学されるまで存在しなかった。このため、日本の研究者や専門家がここを訪れる機会はそう多くはなかった。こうした事情もあり、日本ではエアフルトはそれほど有名とはいえないかもしれない。しかしこの都市はもともとドイツの中部に位置するチューリンゲン地方で最も大きな町であり、一二〇〇年に及ぶ長い歴史をもつ。美しい大聖堂があり、クレーマー橋にはかつての商人たちの記憶が刻み込まれている。ルター・ハウス、バッハ・ハウスがあることで知られるアイゼナハも近い。一九一九年に制定された有名な憲法にその名が冠され、バウハウスの発祥の地にもなったワイマールも、列車で一五分ほどだ。

ビスマルク派の政治家、父マックス・ウェーバー

マックス・ウェーバーは父の名前を引き継いだ。マックス・ウェーバー（父）は一八三六年にヴェストファーレンのビーレフェルトに生まれた。ヴェストファーレンは、現在のノルトライン＝ヴェストファーレン州の東の部分で、ドルトムントなどの都市がある。ヴェストファーレンというドイツ語の名称に聞き覚えがある人は少ないかもしれない。しかし、ラテン語ないし英語のウェストファリアと聞けば、ピンとくる人も多いだろう。三十年戦争を終結させたウェストファリア条約（一六四八年）は、この地域にあるミュンスターとオスナブリュックで締結された。社会学を勉強している人にとっては、ビーレフェルトの方に親近感があるかもしれない。著名な社会学者のニクラス・ルーマン（一九二七〜一九九八）が在職

していたビーレフェルト大学はもちろんここにある。

ビーレフェルトは、三十年戦争でさまざまな支配を受けたが、その後、亜麻布（リネン）で栄えた。マックス・ウェーバー（父）も亜麻布商の息子だった。しかし、紡績の機械化が導入されるなかで商売はうまくいかなくなっていた。彼の兄、つまりウェーバーの伯父《おじ》に当たるカール・ダフィット・ウェーバー（一八二四〜一九〇七）は一八五〇年に近郊のエルリングハウゼンにCarl Weber & Co.を立ち上げ、従来は「下品」として行われていなかった生産者側からの積極的な売り込み営業によって成功した。革新的なビジネスモデルの導入は、伝統的な商売の仕方をしている同業者から反発を受けるが、結局は、同業者も生き残るために新手法を受け入れなければならなくなる。「向上しえないものは没落せざるをえなかったのだ。激しい競争が始まるとともに牧歌〔的な光景〕は影をひそめ〔…〕、のんびりした、気楽な生活は失《う》せはてて、厳しい冷静さがそれに代わった」（MWG I/18, S. 189.『プロ倫』七六〜七七頁）。もともとの資本はそれほどたくさんあったわけではなかった。それにもかかわらず、商人の「精神」が商売の世界を大きく変えていく。『プロテスタンティズムの倫理と資本主義の精神』で「私はそのいくつかの例を知っている」とウェーバーがいうとき、彼は間違いなく自分の伯父を思い浮かべていたはずである。なおこの伯父は、ウェーバーがのちに結婚することになるマリアンネ・シュニットガーの祖父であった。

Weberという名前は、「織る」を意味する動詞のwebenから来ており、直訳すれば「機織《はたお》り職人」となる。プラトンの対話篇《へん》をドイツ語で読んでいてWeber（またはWeberei）が出てきて、ドキリとした経験がある。このときの意味はもちろん「機織り」である。

インターネット用語にもなっている英語のウェブwebも同系列の言葉に属す。人類学者のクリフォード・ギアーツ（一九二六～二〇〇六）は『文化の解釈学』所収の「厚い記述」で、マックス・ウェーバーの名を出しながら、「人間は自分が紡いだ意味の織物（webs of significance）に引っかかっている動物である」と書いている。「ウェーバー」または「ヴェーバー」と、日本語でカタカナ書きをすると気づきにくくなるが、彼の名前はすでに名前からして、こうした文化理解を連想させる。

さて、その父であるが、彼はゲッティンゲンとベルリンで法学を学び、博士号を取得した。そしてその知識とキャリアで政治にかかわっていく。息子のマックスが生まれたとき、父はエアフルトの有給の市参事会員をしていた。市参事会員は、今日の私たちにとって、あまり馴染《なじ》みがある役職とはいえないが、要するに、聖職者や貴族に対して、市民（ブルジョワ）が都市の行政に送り込んだ自分たちの代表である。（中世）都市における市民自治という観点からして、この役職はきわめて重要だった。マルティン・ルターが教育についての意見書「ドイツ全都市の市参事会員に対する勧告」を送付したのも、彼らに対してだった。

マックス・ウェーバーはのちに『都市』（邦訳タイトルは『都市の類型学』）というテクストを執筆する。彼はここでヨーロッパの中世都市とそこにおける参事会の意義について論じることになる。彼が都市の自治について書くとき、それがイタリアの中世のことであっても、そこにはなんらかの仕方で彼の父の面影が投影されていたかもしれない。ドイツの作家で、法律家でもあったテオドール・シュトルム（一八一七～一八八八）が書いた「市参事会員の息子たち」という小さな作品があるが、マックス・ウェーバーはまさにこれだった。

シャルロッテンブルクでの家族写真（1887年、右からマックス・ウェーバー、父のマックス・ウェーバー、カール、ヘレーネ、リリー、アルフレート、クララ、アルトゥール）

　エアフルトの市参事会員だった父は、一八六九年に参事会員としてベルリンに招聘《しょうへい》され、シャルロッテンブルクに居を構えた。この地区には、プロイセン王フリードリヒ一世が王妃のゾフィー・シャルロッテのために建設したシャルロッテンブルク宮殿がある。その後、一九〇七年に老舗《しにせ》デパートのカーデーヴェー（KaDeWe）ができ、高級ショッピング街「クーダム」が栄え、「黄金の二〇年代」を象徴するエリアになる。父のマックス・ウェーバーは建設部門で仕事をし、ベルリンの街路樹の整備に尽力した（マリアンネ・ウェーバー『マックス・ウェーバー』三三頁）。

大都市についての研究では、ロンドンとベルリンが比較されることが多い。ウェーバーの父もロンドンに視察に行っている。関東大震災の復興を担った後藤新平《ごとうしんぺい》（一八五七〜一九二九）は、一八九〇年にベルリンに留学しているが、後藤が暮らし、日本の都市計画のために参考にしたベルリンの市街地はまさにウェーバーの父が携わったそれであった。

父のウェーバーは国民自由党に属していた。この党は、普仏《ふふつ》戦争（一八七〇〜七一年）のときに、ビスマルクを支持して、進歩党から独立した政党で、ドイツ統一後もビスマルクを支え続けた。父は一八七二年に北バイエルンのコーブルク選挙区で帝国議会の議席を得た。このとき彼が書いた自分の経歴を説明する文書には、「すでに若い頃に、私は政治（Politik）をいわば仕事として（als Beruf）視野に入れていた」との一節がある（G. Roth, S. 374 より引用）。もちろん、その息子が一九一九年に学生からの依頼で行う講演「仕事としての政治」のタイトルをここに読み込むのは、いくらなんでも勇み足であろう。それでも実際に、マックス・ウェーバーの父は「仕事」として「政治」を志し、それを実現した人だった。

父の選挙区は、その後一八七九年にマクデブルクに移った。それから約三〇年後、一九〇七年に、そのマクデブルクで「社会政策学会」が開催された。「都市の制度と行政組織によせて」と題された討論で、息子のマックス・ウェーバーは、いくぶん脱線気味に次のような発言をしている。「社会民主党贔屓《びいき》などとは夢にも思われなかった私の父は、帝国議会《ライヒ》議員として、ここマクデブルクで社会民主党と渡りあったし、ベルリンの市参事会員だったときはもっと激しくやりあったようです」（MWG I/8, S. 306.『政治論集』1、九三頁）。それでも父は土木行政で信用できるのは、社会民主党の市議会議員だといっていた、と息子は続けた。

当時、ドイツ社会民主党（SPD）が急激に支持者を増やしていた。そうしたなかで自治体における普通選挙法導入の是非が論じられていた。この案件はまさに社会民主党をいかに扱うかをめぐる問題と直結していた。ウェーバーの発言はこうした議論状況に介入しようとしたものだった。この政党に対するウェーバーの見解については、またあとであらためて論じることにする。

ユグノーの末裔、母へレーネ

マックスの母、ヘレーネ・ファレンシュタイン（一八四四～一九一九）がマックス・ウェーバー（父）と結婚したのは、一八六三年だった。その翌年に、マックスが生まれた。ただ、その後、ビスマルクに寄り添いつつ政治家になる夫と彼女は、必ずしも折り合いがよいわけではなかった。

ヘレーネの母エミーリエ・ファレンシュタイン（一八〇五〜一八八一）の旧姓はスーシェーで、フランスのカルヴァン派の新教徒ユグノーの家系だった。彼女の先祖はフランスでの迫害を逃れ、マイン川沿いのドイツの都市フランクフルトに金細工師として住み着いた。ここは当時から商業の中心地として栄え、都市の自治も強かった。このためフランクフルトに移住したユグノーは少なくなかった。ドイツで最初のユグノー街ができたのもこの都市で、すでに一五五四年のことだった。エミーリエの父カール・コルネリウス・スーシェー（一七六八〜一八三八）はこのフランクフルトで富を築いた。近年、ヨーロッパで急増する移民をめぐる問題が切迫し、移民排斥を唱える「ドイツのための選択肢」（AfD）が議席を増やしていくなかで、（政治的）寛容についての議論が盛んになっている。そしてそうした文脈で、ユグノーに言及されることもある。ただ、現代の私たちにとってはユグノーの迫害は、いかにも「世界史」の教科書上の出来事である。しかし、一八〇五年生まれのウェーバーの祖母エミーリエ・スーシェーにとってはそうではなかった。一六八五年にナントの勅令が廃止されることで、多くのユグノーがフランスにいられなくなり、外国に逃れた。彼女の親族もカナダ、南アフリカ、インドネシアなどに移住した。ウェーバーといえば、ドイツ・ナショナリストという印象が強いかもしれない。そしてそれはもちろん間違いではない。しかし、彼の母方の先祖をたどると、彼らはむしろ「コスモポリタン」であることがわかる。実際、ドイツ出身で、コロンビア大学で教えた社会学者のギュンター・ロース（一九三一〜二〇一九）は「コスモポリタン・ナショナリズム」という表現を用いている。いずれにしても、先祖が歩んだグローバルかつパーソナルな歴史は、祖母にとって、目の前にいる具体的な個人から語られる、生々しい現実の一部だったに違いない。

もちろん家族史的な文脈は個人を規定しはするが、確定することはない。ただ、強い信仰心は祖母から母へ引き継がれた。ヘレーネの姉のイダ（一八三七〜一八九九）も同じだった。イダは歴史家ヘルマン・バウムガルテン（一八二五〜一八九三）と結婚し、シュトラースブルクで暮らしていた。アルザス地方のストラスブールは、当時ドイツ領でシュトラースブルクと呼ばれていた。

ハイデルベルクのファレンシュタイン家のヴィラ（座っているのがウェーバーの祖母エミーリエ・ファレンシュタイン）

祖母エミーリエの死後、商売で成功した実家の莫大《ばくだい》な遺産がこの姉妹に引き継がれた。ヘレーネが手にした資産は、彼女の夫の財産と収入とは桁違いの額だった。もちろんヘレーネは贅沢《ぜいたく》を望まなかったし、実際、慎《つつ》ましく暮らそうとした。ただ、彼女の「主人」も家庭の財布とその使い途《みち》の決定権を手放そうとはしなかった。

ウェーバーの妻マリアンネ（一八七〇〜一九五四）によるマックス・ウェーバーの伝記には、家庭内のお金の問題に関して次のような記述がある。

ヘレーネは自分の心を満足させることはめったにできなかったから、家の生活様式に対する一切の自信を徐々に失い、自分の安楽さのためにばかりあまりにも多くのことが為《な》されて〈他人のためには充分〉してやっていないという気持に絶えず苛《さいな》まれた。そこで彼女はできるかぎり自分の出費は倹約しはじめ、今までならば人手を借りていたような或《あ》る種の家事をも自分で引受けて余計な負担を増した――この〈労賃〉によってこっそりと貧者に施す資金を溜《た》めようというのである。夜ベッドについても、あたたかい寝所を持たぬ大都会の数十万の人口を思うと彼女は肉体的に苦痛を感じた。――夫からちょっと大きな贈物をもらうたびに彼女は、むしろ貧者に施す金があったほうがどんなにいいかもしれないと思った（『マックス・ウェーバー』一一三頁）。

ヘレーネはウィリアム・エラリー・チャニング（一七八〇〜一八四二）の本を愛読していた。当時、ドイツでは一八五〇年から五五年にかけて、全一五巻のチャニング著作集が刊行されたところだった。チャニングはユニテリアンの神学者だった。ユニテリアンはキリスト教における三位一体論を否定し、神の単一性を主張した。このためイエス・キリストはあくまで人間だと考えられた。そして彼らは正統派カルヴィニズムの予定説にも対立した。

チャニングは一八〇九年に「反カルヴィニズム道徳論」という有名な説教をしている。神と人間の断絶を徹底するカルヴィニズムに対して、彼は次のように述べている。「われわれは、神の能力を信じるのと同じくらい誠実に人間の能力も信じなければならず、人間が神に依存しているものであることと同じく、人間には自由があることも信じなければならず、人間は神の内に生きるものであると同時に個性のある存在であることも信じなければならない」（後藤昭次「超絶主義とエマソン」『ピューリタニズムとアメリカ』二〇九頁より引用）。

チャニングの教えは、アメリカの超越主義の哲学者で、フリードリヒ・ニーチェ（一八四四～一九〇〇）に影響を与えるとともに、自己啓発本などでもよく引用されるラルフ・エマソン（一八〇三～一八八二）に影響を及ぼす。森の生活を実践したヘンリー・ソロー（一八一七～一八六二）もチャニングの読者だった。チャニングは、こうしていくぶん「スピリチュアル」な人たちによっても受容されていく。

母親のヘレーネを、マックスはどのようにみていたのだろうか。共感もあり、違和感もあっただろう。彼自身はのちに、自分のことを「宗教音痴」（MWG II/6, S. 65）と呼んでいる。

しかし、彼がライフワークとして宗教社会学に取り組み、なかでも『プロテスタンティズムの倫理と資本主義の精神』を書くことになった理由の一つには、こうした母との関係があったことは否定できないだろう。

「二つの律法のはざま」

ウェーバーの父は、後世に名をのこすほどの大政治家ではなかった。さりとて、彼は彼なりにキャリア・アップし、有力政治家としてその時代にあって一定の役割を果たした。マックスが幼少の頃、ベルリン・シャルロッテンブルクの自宅には、多くの有名な政治家が訪れ、ある種のサロンになっていた。ハインリヒ・フォン・トライチュケ（一八三四〜一八九六）やテオドール・モムゼン（一八一七〜一九〇三）など、著名な大学教授もそこに加わった。子どものマックスは、居間で彼らに葉巻を配って歩いたという。訪問客たちが皆ひとかどの人物であるということが、彼にはわかったことだろう。そして客たちが語るビスマルクをめぐる政治談義にも耳を傾けたはずである。普仏戦争の開戦のとき、マックス・ウェーバーは五歳だった。すでに物心のついていた彼は、このとき喜びで跳びはねたという。

子のマックスが父に尊敬の念を抱くのは、ある意味ではとても自然なことだった。そして政治家の父の目線からものを考えれば、母の生き方に違和感を覚えることになる。マックスが二一歳のとき、ゲッティンゲンから母に送った一八八五年一二月六日付の手紙では、日曜日の朝は、チャニングやスピノザ（一六三二〜一六七七）を読むと報告したあと、最近読んだチャニングの本について、次のように書いている。

職業軍人たちを人殺しの一味と同列に置き、公衆の軽蔑の烙印《らくいん》を押されたものとみなそうとすれば、一体どんな道義の高揚が生まれてくるというのか、わたしにはまったくわかりません――そんなことをしたら、戦争はけっして人道的なものにはならないでしょう（MWG II/1, S. 567.『青年時代の手紙』上、二〇八頁）。

第一次世界大戦のさなかで、ウェーバーは平和主義者に直面し、「正義がなくなるとき、王国は大きな盗賊団以外のなにであろうか」（『神の国』第四巻第四章）というアウグスティヌス的な問題に再び取り組むことになる。この手紙にヘレーネがどう応えたのかは定かではない。しかし、この信仰の人がひどく悲しんだことはたしかであろう。

同時にマックスは、ヘレーネに対する父の家父長的な振る舞いにも我慢できないものを感じていた。そうなると、父との齟齬《そご》を引き受けなければならなくなる。マックスは早くこの家から自立したいと願い、やがて本書第三章で論じるように、父と大げんかをする。そしてその傷は生涯にわたり彼を苦しめることになる。

父に対する反発は、ビスマルクへの批判とも連動する。ウェーバーが書いた政治的エッセーのなかでも最も重要なものの一つである「新秩序ドイツの議会と政府」で、彼は「ビスマルクの（負の）遺産」を厳しく糾弾する。

国民自由党の政治家は自分で選んだ政治的課題を遂行することができずに挫折してしまったが、それは究極のところ実質的な理由によるのではなくて、ビスマルクが、どんな性質のものであれ、なんらかの自立的な、つまり自分の責任に従って行動する勢力が一個たりとも自分のそばに存在することを許さなかったからである（MWG I/15, S. 444.『政治論集』2、三四四〜三四五頁）。

「ビスマルク賛美」がなされることで、「プロイセンの保守主義者は〔…〕偉大な国家政策的または理念的な目標をめざして一身を投げ出す政治的人物を一人として生み出していない」（MWG I/15, S. 439-440.『政治論集』2、三四一頁）。ビスマルクの負の遺産に対するウェーバーの批評は、その言葉だけをみても、ときに辛辣《しんらつ》すぎて驚かされる。しかも、ビスマルクの周りにはその人を賛美する軟弱なフォロワーしかいない、という言葉は、ほかでもない彼の父に命中するのだから、穏やかではない。

ヘレーネに話を戻そう。彼女にとって、夫の輝かしいキャリアは意味をもたなかった。むしろ、夫が政界で成功すればするほど、彼女の罪悪感は大きくなっていく。ウェーバー家のカネと権力が、彼女を苦しめる。

同じ信仰を引き継いだ姉イダの夫ヘルマン・バウムガルテンは、妻の信仰と生き方に遥《はる》かに共感的だった。『ドイツ自由主義――ひとつの自己批判』の著者であるバウムガルテンは、トライチュケの権力思想を批判するリベラルな歴史家であった。こうしたこともあり、マックス・ウェーバーの両親のような対抗関係は、この家族では生まれていなかった。

イダの娘エミー（一八六五～一九四六）に、ウェーバーは一時期、恋心を寄せていた。彼女は叔母《おば》であるヘレーネに同情し、マックスが父に対してもっとはっきりとものをいうべきだと主張した。バウムガルテンの家で育ったエミーには当然のことが、ウェーバーの家では難しく、マックスはその葛藤を抱え続けた。

政治家の父マックスがキャリア・アップするほど、ヘレーネは自己の内面に沈潜する。自分の成功を喜ばない妻に夫は不満をもち、ますます家父長的に振る舞うようになる。これに対して妻は、自らの信仰の純度を上げることで、すれ違いつつ反抗する。あるいは、より正確には、妻の道徳的・宗教的な信条を理解できない夫の方が、その分だけますますビスマルクの「権力」に近づいていったともいえる。

一九一六年二月、マックス・ウェーバーは第一次世界大戦のさなかに、「二つの律法のはざま」という短い文章を発表している。もとはといえば、この文章は月刊誌『女性』(Die Frau)への投書だった。フェミニズムのアクティビストで、その後ドイツ民主党の議員にもなるゲルトルート・ボイマー(一八七三〜一九五四)が『女性』一九一五年一〇月号に発表した同名のエッセーが物議を醸し、非難を浴びていた。ウェーバーはこのエッセーを支持する文章を雑誌に送り、掲載されたのがこれであった。

そもそもウェーバーが定期的に女性誌に目を通していたのかどうかについては、よくわからない。おそらく周囲の誰かからこのエッセーの話を聞いて、ウェーバーはボイマーの文章を読み、彼女を援護しようとしたのではないかと想像する。ボイマーはマリアンネ・ウェーバーとはフェミニズム関係の運動仲間だった。マックス・ウェーバーの友人で、のちにドイツ民主党を立ち上げる、プロテスタント神学者のフリードリヒ・ナウマン(一八六〇〜一九一九)ともボイマーは親交があった。

投書のきっかけは偶然であったにせよ、この「二つの律法のはざま」は、ウェーバーにとって最大級に重大なテーマだった。「二つの律法」というのは、一方におけるキリスト教の律法と、他方における祖国に対する義務の二つを表している。ウェーバーはJ・S・ミル(一八〇六〜一八七三)を引用しながら、いくら事実やエビデンスを積み重ねても、価値をめぐる対立には決着がつかず、人は「多神論」に行きつかざるをえないと論じた。多神論とは一神論とは反対に、複数の神が争い合う事態を指す。講演「仕事としての学問」でウェーバーは、同じことをいうのに「神々の闘争」という表現を使う。

法学を学び、政治家になった父と信仰心に篤《あつ》いユグノーの末裔《まつえい》の母の間の緊張関係は、後年のウェーバーの基本的な考えを深く規定した。政治と宗教の原理的対立を突き詰めて考察しようとするウェーバーの宗教社会学や政治理論は、彼の父の物語と彼の母の物語をなんらかの形で同時に引き継ぐことで形成されていく。若きウェーバーはまだ「ヨーロッパ近代」について考えているわけではない。しかし彼が自分の家庭のなかで引き受けた問題は、のちに彼が宗教社会学の研究で引き受ける課題につながっていく。「儒教と道教」（一九一五年）を書き、「ヒンドゥー教と仏教」（一九一六／一七年）を書くことで、彼はこうした問題圏をより明瞭にとらえることになる。

第二章　修学時代

――法学とパラサイト

社会科学の理論を勉強してみたのですが、その過程で、理論上日本経済史の特殊性を理解するために必要不可欠な一環が抜け落ちてしまっているような感じをだんだん抑えられなくなってきたんです。〔…〕彼の『支配の社会学』の中にある「家産制支配」（パトリモニアーレ・ヘルシャフト Patrimoniale Herrschaft）の章を読まなくちゃいけないらしいなと感づいて、それを読み始めたのです。そうしたら〔…〕いまから言えば「甘え」概念に非常に似た「ピエテート」（Pietät）という術語をヴェーバーが駆使していることに気づいたわけです。／ところでね、非常におもしろいことには〔…〕戦後、アメリカのマックス・ヴェーバー研究は、ご承知のようにレベルが非常に高いのに、その点では事情が非常にちがっていたようです。〔…〕研究上の興味が最も持たれることが少なかったのは「家産制支配」の章だったようです。私はこれを聞いて驚きました。

大塚久雄『「甘え」と社会科学』一九～二〇頁

関連年表

1882	3月 ギムナジウム卒業
	4月 ハイデルベルク大学入学
	伊藤博文、滞欧憲法調査
1883	10月 1年志願兵としてシュトラースブルクへ
1884	10月 ベルリン大学に移る
1885	3月 シュトラースブルクで軍事演習
	10月 ゲッティンゲン大学へ
1887	ベルリン地方裁判所で司法官試補に
1889	「中世商事会社の歴史」によってベルリン大学より博士号取得
1891	「ローマ農業史——公法および私法にたいするその意義」を提出し、翌年2月にベルリン大学で教授資格取得
1893	マリアンネ・シュニットガーと結婚
	ドイツで初の女子ギムナジウム開校
1895	フライブルク大学教授就任講演「国民国家と経済政策」
1900	マリアンネ・ウェーバー『フィヒテの社会主義』
	女子英学塾（津田塾大学の前身）設立
1906	アーレント生まれる
1907	大塚久雄生まれる

ハイデルベルクへ

一八七二年から、マックス・ウェーバーはベルリン・シャルロッテンブルクの王立皇妃アウグスタ・ギムナジウムに通った。授業中にゲーテ（一七四九〜一八三二）の全集を全巻読破するなど、すでにそれなりに早熟な才能を開花させていた。この頃に彼が書いた「ローマ帝制期」「ドイツ史の経過一般」「インド＝ゲルマン諸国民における民族の性格・民族の発展・民族の歴史についての考察」といった作品は日本語に翻訳され、『少年期ヴェーバー古代・中世史論』というタイトルで刊行されている。

一八八二年、ウェーバーはギムナジウムを卒業し、ハイデルベルク大学に進学した。幼少期に脳脊髄膜炎を患ったことで、彼は病弱なところがあった。しかし、ハイデルベルクの学生組合ブルシェンシャフト・アレマニアに入会し、そこでフェンシングに励んだ。ブルシェンシャフトは、もともとは対ナポレオン解放戦争を契機にして、イエナ大学などでつくられた自由主義的な団体だったが、ウェーバーが入学した頃のそれは決闘や大量飲酒などを特徴とするホモソーシャルなエリート学生の集まりになっていた。

彼がのちに書くことになる時事的・政治的な文章には「騎士道的礼節」(Ritterlichkeit)という表現が出てくる。戦争で負けた側が道義的にも悪かったとする「勝てば官軍」のような論理を、ウェーバーは礼節に反するとして斥《しりぞ》けた。

第一次世界大戦が勃発して、彼が勤務していた陸軍野戦病院でのことである。同じ病院で働いていたエルンスト・トレルチ(一八六五〜一九二三)が、負傷したフランス人捕虜への民間のドイツ人の見舞いを禁じた。それは、ナショナリズムが高揚するなかで、世論に屈した結果だった。この措置に対して、ウェーバーは激怒した。「ショーヴィニズムの哀れむべき事例」であり、「不名誉」なことだ、と彼は述べ、トレルチに絶交を言い渡した(バウムガルテン『マックス・ヴェーバー 人と業績』九五〜九六頁)。この二人は当時、同じ建物に住んでいたにもかかわらず、である。その後、周囲のとりなしで、この絶交は破棄された。

こうした騎士道精神のようなものは、フリードリヒ・ニーチェを引き継いで、「敵」に対する「アゴーン(闘技)的な敬意」を強調するウィリアム・コノリー(一九三八〜)の政治理論に結びつけることもできる。しかし、ウェーバーのパーソナルヒストリーについていえば、このような騎士道的な倫理性の根は、学生時代のブルシェンシャフトにあったという方が正確だろう。

余談になるが、この団体がよく飲んでいたのは、「黄金のライオン」（Zum Goldenen Löwe）というハイデルベルク大学近くの居酒屋だった。その店があった場所はいまでは学生寮「グスタフ・ラートブルフ・ハウス」になっている。ラートブルフ（一八七八～一九四九）は新カント派の法哲学者で、ハイデルベルク大学教授になったが、ナチ時代に罷免され、戦後に復職した人だ。いまでは誰もが知っている「確信犯」という概念は、彼によって提唱された。「グスタフ・ラートブルフ・ハウス」は、ハイデルベルクにゆかりのあるこの法学者の名前を冠している。

世紀末から二〇世紀のはじめにかけて、ワンダーフォーゲルなどのさまざまな学生団体が誕生した。ワンダーフォーゲルは直訳すれば「渡り鳥」となるドイツ語で、山歩きなどの野外活動を指す。日本の大学の部活やサークルにある「ワンゲル」はこの言葉を略したものである。ベルリン郊外の高校生カール・フィッシャー（一八八一～一九四一）によって始められたといわれるワンダーフォーゲルは、社会への批判と自然における新たな文化創造を模索する流れになっていく。こうした流れは、やがて「自由ドイツ青年」という団体を生み出し、その一部はヒトラー・ユーゲントにも流れ込む。のちにウェーバーが行う講演「仕事としての学問」「仕事としての政治」も、バイエルンの自由学生同盟という学生団体の依頼によるものだった。

これに対してウェーバーが所属していたのは、伝統的な学生組合だった。ウェーバーはそこで決闘をし、頬《ほお》に傷を負った。ブルシェンシャフトでは、決闘による負傷は名誉なことだった。しかしすっかりビール太りし、顔に傷を付けて帰省したマックスをみて、母のヘレーネは平手打ちしたと伝えられている。それにしてもウェーバーが飲むビールの量は尋常でなかったといわれている。この頃、実家を離れたウェーバーは、厳格な母からすれば、とうてい許すことができない学生生活を送っていた。

法学を学ぶウェーバー

ハイデルベルク大学でウェーバーは、三セメスター（学期）を過ごした。ここで彼は法学、歴史学、国民経済学、哲学を学んだ。『青年時代の手紙』に収録されている書簡をみると、イマヌエル・ベッカー（一八二七～一九一六）の法学提要とローマ法制史、カール・クニース（一八二一～一八九八）の国民経済学、クーノ・フィッシャー（一八二四～一九〇七）の哲学史などの授業に出ていたことがわかる。

ウェーバーの主専攻は法学だった。そして博士号、教授資格ともに法学で取得している。マックス・ウェーバーは「社会学者」だと思っている人が多いが、彼は大学で社会学を学んだわけではない。フェルディナント・テニエス（一八五五～一九三六）、ゲオルク・ジンメル

（一八五八〜一九一八）、そしてウェーバーがドイツにおける社会学の創始者の世代である。ドイツ社会学会は一九〇九年に創設された。『ケルン社会学・社会心理学雑誌』（KZfSS）はドイツ語圏で最も由緒ある社会学の雑誌であるが、これが創刊されたのも、ようやく一九二一年になってからのことだった。ウェーバーは、ある意味では父の背中を追い、将来は法律関係の仕事に就くことを視野に入れて、法学を選択している。そして彼と法学との関係は最晩年まで継続し、『法社会学』という重要な著作も書くことになる。

ただ、ウェーバーと法学の関係については、少し微妙なところがある。彼は書簡などで、法学の勉強をしばしば「味気なく退屈」（öde）だと書いている。そして実際、彼は実定法を扱う、いわゆる法学者ではなかった。彼の研究は学際的に広がっていく。そういうこともあり、ウェーバーに関心をもつ研究者は、いろいろな分野にまたがっている。政治学者、経済学者、歴史学者、宗教学者、日本学者、人類学者などなど、多くの分野の研究者がウェーバーから学んできた。

しかしそれでも、社会学者ウェーバーというイメージが強くなっているなかでは、彼の社会理論の「法学的起源」について、もう少し真剣に検討し直してもよいかもしれない。自身の研究を「社会学」と呼ぶようになってからも、彼は次のように書いている。

そもそも、次のようなことがおよそ社会学にとって避け難い運命とも言える。すなわち社会学は、およそ常に「典型的」な諸事例間の漸移的移行の中間段階にある現実の行為を考察するにあたって、規範の演繹《えんえき》推論的解釈に依《よ》るがゆえに明確な法学的表現を頻繁に用いざるをえない〔…〕（MWG I/12, S. 405.『理解社会学のカテゴリー』四一頁）。

また、ウェーバーの方法論が「行為」論であることも、法学と関連づけて理解することができるかもしれない。ウェーバーは行為者の主観的な「意味（づけ）」に注目する。そうした主観的な動機を理解しつつ、社会的行為の過程と結果を因果的に説明しようとする。彼はこうした方法を「理解社会学」と呼ぶ。ドイツ語では **verstehende Soziologie** がこれに当たり、直訳すると「理解する社会学」となる。英語では、**interpretive sociology**（解釈的社会学）と訳されるのが一般的である。

歴史家のエドヴァルト・マイヤー（一八五五〜一九三〇）の「歴史の理論と方法」を批判した論文で、ウェーバーは次のように述べている。「該当する法規の上から〝責任〟があるということは、なにはさておき行為者の側の確実な主観的構成要素（意図とか結果の主観的に制約された〝予見〟等）による」（MWG I/7, S. 454.「文化科学の論理学の領域における批判的研究」一八三頁）。ラートブルフらを参照しながら、自らの方法論的立場を考察するなかで、彼は法学と歴史学の重なりを意識していた。

刑法上の責任追及の問題のもつ論理的構造は、歴史的因果性の問題がもつ論理的構造と明らかに同じものである。というのは人間相互の実践的社会的諸関係の諸問題、特に司法の諸問題は、歴史同様、〝人間中心的〟傾向にあるからである、言い換えれば人間〝行為〟の因果的意義を問題にするからである（MWG I/7, S. 453.「文化科学の論理学の領域における批判的研究」一八二頁）。

これに加えて、ウェーバーによる論文の書き方にも、元法学部生の名残をみることができる。よく知られた彼の理論の一つに、レジティマシー（正統性／正当性）論がある。ある支配秩序が成り立つのは、支配される側の人びとがその秩序を承認し、支えるからである。そしてその根拠になるのは、伝統、カリスマ、合法性である、とウェーバーはいう（MWG I/23, S. 453-455.『支配の諸類型』一〇～一一頁＝『権力と支配』三〇～三二頁。MWG I/17, S. 160.『仕事』九六～九七頁）。この三類型はとても有名であり、高校の「現代社会」の資料集や用語集などにも出てくる。しかし、レジティマシーの基礎になるのは、なぜこの三つだけなのか。また、そもそも伝統、カリスマ、合法性という三つの概念は、それほど説得力があるのか。考えれば考えるほどに、疑問が出てくる。そしてウェーバー自身も、晩年まで考えあぐねていたようである。このため本書では、いわゆる三類型の議論をそれほど強調しないでおく。少なくともこれを決定版としては扱わない。たとえば最晩年に書かれた『社会学の根本概念』における次の記述では、伝統、カリスマ、合法性という三類型は維持されていない。ただ、ここで注目したいのはレジティマシー論の中身ではなく、むしろウェーバーの書き方である。法律の条文の形式とよく似ている。

§7

行為者によって、ある秩序にレジティマシーをもつ妥当〔承認を受けることで効力をもつこと〕が認められるのは、

a）伝統、つまりつねにそうであったものの妥当によって、

b）情緒的（とくに感情的）信仰、つまり新しい啓示や理想の妥当によって、

c）価値合理的な信仰、つまり絶対的なものとして妥当すると推定されたものの妥当によって、

d）その合法性が信じられている実定的な規約によって、

この合法性がレジティマシーをもつものとして妥当しうるのは、

α）この合法性の利害関係者が合意することによって、
β）レジティマシーをもつものとして妥当している人間の人間に対する支配および従順さを根拠にした押し付けによって、である。
（MWG I/23, S. 189-190.『社会学の根本概念』五九頁）

タルコット・パーソンズは「知的継子《ままこ》としての法」という論文を書いている。「契約の非契約的な要素」を論じるエミール・デュルケーム（一八五八〜一九一七）もそうであるが、初期の社会学者が保持していた法学とのつながりを、現代の社会学者は軽視してしまっているのではないか。パーソンズもこのような問題提起をしている。

形式合理性と実質合理性

ウェーバーが社会理論的な考察で、「合理化」と「合理性」という用語を用いていることは、よく知られている。これらの用語が最も高い精度で論じられるのは、いわゆる『法社会学』においてである。

近代は合理化の時代であり、近代化すると合理化が進む、というような解説がなされることがあるが、ウェーバーによる合理化をめぐる議論は、それほど単純ではない。そのように単線的にとらえてしまうと、合理化をめぐる「かけっこ」で誰が一番か、という話になってしまい、比較研究を試みた彼の理論的な意味が見失われてしまう。

『法社会学』では、とりわけ形式合理性と実質合理性の対立とその絡み合いが検討される。法が「形式的」であるというのは、「もっぱら一義的で一般的な要件メルクマールのみが尊重される」(MWG I/22-3, S. 304.『法社会学』一〇四頁)ということを意味する。さまざまな意見の相違があるとき、ある特定の実質的な立場に依拠した正当化は困難になる。ここで要請されるのが、一定の形式的な基準によって案件を処理する形式主義である。近代法の特徴は「形式的な性質」である、とウェーバーはいう。権力者が自分の都合に合わせて、恣意的に権力を行使することができないようにするためには、「形式」によって箍《たが》をはめる必要がある。この意味で、ウェーバーのいう「形式的であること」は、リベラリズムの一つの別表現と呼ぶこともできる。あるパティキュラーな(特殊的で、普遍妥当的ではない)価値に依拠した実質的な合理性がお互いに対立することで、法の形式合理化が進む。

しかし、話はこれで終わらない。たとえば、ある展覧会への会場の貸し出しや公的支援が形式合理的に行われるとすれば、その認可は一定の形式的要件によってなされることになる。しかし、その展示の「内容」に市民の一部が不快感を覚え、政治的・イデオロギー的な理由でクレームを入れる場合、展覧会の公的な助成は政治問題化する。展示の「内容」は問わない形式合理主義が「中身」を問題にする実質合理的な立場から異議申し立てを受ける。そうなると、場合によっては、展示の中止や、展示品の選定をめぐる手続きの見直しという結果になるかもしれない。

ウェーバーは近代法を「形式合理性」によって特徴づける。さまざまな立場の意見の相違は、どちらかを依怙贔屓《えこひいき》しないように「形式」的に処理されるようになる。この基本線は崩れない。しかし、形式主義はある特定の立場から、なんらかの機会に疑問を呈される可能性があり、その対抗関係はなくならない。合理性論によってウェーバーが問題にするのは、こうした複数の合理化・合理性の絡み合いである。

ベルリンのグナイスト

ウェーバーの学業に話を戻したい。彼はハイデルベルクで三セメスターを過ごしたあと、シュトラースブルクで第一次軍事演習（兵役）に参加した。ウェーバーはその後、ベルリン大学で学ぶ。そこで彼はいよいよ本格的にアカデミズムの世界に入っていく。『ドイツ団体法論』で知られるオットー・フォン・ギールケ（一八四一～一九二一）、ウェーバーの博士論文の指導教授になる商法のレヴィン・ゴルトシュミット（一八二八～一八九七）、著名な歴史家ハインリヒ・フォン・トライチュケ、ローマ史の大家テオドール・モムゼンら、当時のドイツの最高峰の教授たちに接した。

一八八四年一一月八日付、歴史学者の伯父ヘルマン・バウムガルテン宛の書簡では、次のように書いている。「ドイツ国法とプロイセン行政法にかんするグナイストの講義は、わたしのみるところでは、形式といい内容といい真の傑作で、いままでに聞いた、すべての法律学の講義のなかでもっとも気に入ったものです」（MWG II/1, S. 473.『青年時代の手紙』上、一五八頁）。

一八八二年から八三年に「滞欧憲法調査」のためにドイツに渡った伊藤博文《いとうひろぶみ》（一八四一～一九〇九）が教えを乞うたのが、このルードルフ・フォン・グナイスト（一八一六～一八九五）だった。実際のところ伊藤はグナイストからそれほど多くを学べたわけではなかったようである。しかしそれでもグナイストは間接的ながら明治憲法に影響を及ぼした。ただ、ウェーバーがベルリンで学んだのは、伊藤が帰国したすぐあとのことで、この二人が出会うことはなかった。

この当時のグナイストについて、ドイツに留学した吉野作造《よしのさくぞう》は、次のように書いている。

グナイストは元来サヴィニーの門人で羅馬《ローマ》法の専門家だ。私講師となり（一八三八）員外教授となり（一八四四）更に正教授に進んだのも（一八五八）この専門を看板にしてだ。所が一八五十年代《ママ》から急に政治に興味を感じ従来兼職のやうにやつてゐた裁判官をやめて普国下院に入り又後には帝国議会にも進出して共に華々しい活動をつゞけた、且つこの頃から研究の興味も公法方面に転じ、英国の憲法と行政法並に憲法史に就いては数部の古典的声価をうたはるる著作をのこしてゐる（「スタイン、グナイストと伊藤博文」『吉野作造選集』第一一巻、三四八頁）。

ウェーバーが講義を受けたとき、グナイストはベルリン大学教授であるとともに、帝国議会議員でもあった。しかもウェーバーの父と同じ国民自由党に属していた。こうした事情もあり、グナイストの講義は当時のウェーバーの耳に入ってきやすい内容だったと想像できる。

パラサイトとピエテート（恭順）

一八八五年三月からウェーバーはシュトラースブルクで兵役を務め、その後ゲッティンゲンで学び、ここで第一次司法官試補試験に受かっている。そして一八八七年、ベルリン地方裁判所第二部で司法官試補になった。法学徒として順調にステップ・アップをしているようにもみえるが、このころのウェーバーは実家からの経済的支援に頼って生活しており、彼はそのことにかなりの不自由を感じていた。

忘れてはならないのは、この当時のドイツの大学進学者の少なさである。一九〇二年の大学生数は約五万三千人で、学生は男性一万人に対して一八人にすぎなかった（プラール『大学制度の社会史』資料二〇頁）。あとでも述べるように、女性にはほぼ進学の道は閉ざされていた。そして基本的に実家が裕福であることが、進学の絶対条件だった。もちろんのこと、現代のように奨学金（あるいは学資ローン）が広く普及しているわけではない。この意味では、なにもウェーバーだけが「親のすねかじり」だったわけではない。しかし、彼は人並みはずれて、こうした状況に居心地の悪さを感じていた。政治家で、パターナリスティックな父親との折り合いが悪くても、生活費をもらっているので、いいたいことがあっても遠慮していえないということだったのだろう。

ウェーバーの『支配の社会学』には、官僚制、家産制、カリスマ、封建制、教権制といった「支配」形態の分析が続く。今日、このテクストから引用されるのは、ほとんどの場合、官僚制とカリスマに関する部分である。ウェーバーといえば、近代資本主義の形成を論じた『プロテスタンティズムの倫理と資本主義の精神』をはじめとして、近代化や合理化について考察した社会理論家である、というのが一般的な理解であろう。しかしそうした理解に反して、前近代的な支配についての彼の記述はかなり充実しており、しかも活《い》き活《い》きしている。『支配の社会学』でパターナリスティックな支配を論じるとき、ウェーバーは自分の修学時代の後半、彼の実家との関係のなかで考えたり、感じたりしたことを想起していたのかもしれない。

こうした記述に強く反応したのが、日本の社会科学者たちだった。戦時中の経験から、日本の研究者はウェーバーが用いるピエテート（Pietät）という概念に関心を寄せた。ピエテートというドイツ語は難しい言葉であるが、一般的には「宗教的な敬虔《けいけん》」という意味で用いられる。一七世紀末から始まるドイツのプロテスタンティズムのピエティズムは、通常、「敬虔主義」と訳される。イタリア語でピエタといえば、聖母マリアがキリストの遺体を抱き抱える絵画や彫刻の主題であるが、ここで示される「哀悼」ももちろんドイツ語のピエテートにつながっている。

ただ、宗教的な敬虔、畏敬の念は、文脈によっては、親やお世話になった人への孝順のような意味にもなる。家父長制的な支配の文脈でこの言葉が出てくると、キリスト教的な意味合いはもちろん薄くなる。そして考えてもみれば、ラテン語の**pietas**はキリスト教の成立以前にできた言葉であり、当時は先祖や国家への敬意や忠誠を意味していた。このため家父長制的な支配の記述にピエテートを用いることはまったく不自然ではない。

日本の研究者はこのピエテートに「恭順」という訳語を当てて、戦前・戦中の日本の支配構造を批判的に分析するために用いた。経済史家の大塚久雄《おおつかひさお》（一九〇七〜一九九六）、法社会学の川島武宜《かわしまたけよし》（一九〇九〜一九九二）、精神科医の土居健郎《どいたけお》（一九二〇〜二〇〇九）による対談『「甘え」と社会科学』では、ウェーバーのこの概念を中心にして、興味深い日本文化論が展開されている。今日、「文化論」はあまり流行《はや》らないジャンルであるが、なぜ日本はこうなのか、という問いを近代ヨーロッパとの対比で考えてきた人たちは、しばしばウェーバーのテクストにそのヒントを求めた。川島武宜の『日本社会の家族的構成』（一九四八年）、『イデオロギーとしての家族制度』（一九五七年）をそうした仕事として挙げることができる。

丸山眞男は福澤諭吉《ふくざわゆきち》（一八三五〜一九〇一）の『文明論之概略《ぶんめいろんのがいりゃく》』を読み解くなかで、「権力の偏重」というワードに注目する。権力が一部の人に「偏重」し、開かれた言論によってそれが問い直される可能性が閉ざされているところでは、権力の中枢への近さがものをいう。こうした関係性においては、権力に対する卑屈な振る舞いがはびこることになる。丸山が福澤を読むときに、どれほどウェーバーについて考えていたのかはわからない。しかし、彼の問題の切り出し方は、先に述べた「恭順」をめぐる議論とつながっている。

ただし、こうしたウェーバーの読み方がどれほど正しいのかについては、議論がありうる。近年、刊行されたウェーバー・ディクショナリー、ウェーバー・ハンドブックのような本でも、「ピエテート」はキーワードになっていない。そもそもアメリカの研究者がウェーバーのテクストを読んでも、こうした箇所に関心をもつ理由はほとんどない。この意味では、特殊日本的なウェーバー受容ということになる。

しかしそれでも、ウェーバー自身が「高学歴パラサイト」の時期に感じた卑屈さが、家父長制・家産制の議論に生命を吹き込み、それを読んだ日本の研究者がそのモチーフを発展させた、という連関は、それ自体として興味深い。

ウェーバーは伝統的な支配の最も重要な類型である家父長制、そしてそれが大規模に拡張された家産制における支配には、伝統という「犯すことのできない規範の体系」と並んで、「支配者の思うがままの恣意と恩恵の働く領域」があると指摘する。そして後者については、「パーソナル」な要素が大きな役割を果たすので、形式合理性という基準から評価すると「非合理」であるという（MWG I/19, S. 122.『宗教社会学論選』八八頁）。

家族に優しい父によるパターナルな支配が、「家族のため」という外見に反してしばしば、自分にだけ都合がよいようなダブルスタンダードや恣意性を含んでいる、という点に、ウェーバーは敏感である。そしてこの論点は、フランツ・カフカ（一八八三～一九二四）の「父への手紙」によって展開され、またそうした合理性の外見のもとでの非合理性という視点は、『審判』や『城』といった「官僚制小説」にもつながっていく。

日本の行政を批判的に検討しようとする人は、しばしばウェーバーに言及しながら、家産官僚制と近代官僚制の区別に注目してきた。家産官僚制は、世襲君主の支配と財産の維持のために発展した官吏のシステムである。しかし、君主のための官僚機構でも、国民のための行政機構でも、大規模組織の運営には一定の合理性が必要とされる。このためウェーバーは古代中国の官僚制も、福祉国家化が進む近代ヨーロッパの官僚制も連続的に論じている。家産官僚制は非合理的であり、近代官僚制は合理的だ、という理解は、純粋に事務的な体裁でなされる行政的な権力という、後者にも潜む問題を見えにくくしてしまう。カフカはここに注目した。これに対して、戦時中の体制を批判的に検討しようとする日本の社会科学者は、近代官僚制のモデルを尺度にしながら、家産官僚制における温情的で、かつ恣意的な権力の運用を問題にし、その克服を課題とし続けてきた。

マーティン・オルブロウ（一九三七〜）によるウェーバーの官僚制についての古典的研究（『官僚制』）でも、近代的／前近代的、あるいは家産／近代という二分法はそれほど強調されていない。その意味で、家産官僚制が近代的なモデルから逸脱していることを問題にするのは、かなり日本特有の展開であるといえる。しかしそれでも、近年しばしば用いられる「忖度《そんたく》」について考えようとするときに、おそらく最も検討するに値する知的ストックになっているのは、日本の社会科学者、なかでも政治学者・行政学者による比較的古い研究である。

大学に就職するということ

ウェーバーはこのような鬱々とした感情をもちながら、パラサイト生活を続けた。一八八九年、博士論文「中世商事会社の歴史」によってベルリン大学より博士号を取得する。指導教授は、著名な商法学者のレヴィン・ゴルトシュミットだった。ウェーバーの指導教授が商法学者というのは意外に思われるかもしれない。しかし、丸山眞男にとっては、このつながりは自然なことだったようだ。彼は田中耕太郎《たなかこうたろう》（一八九〇～一九七四）の商法の講義に触発され、「形式的な合理性とか、一番人格的な色彩が希薄で、したがって可測性が一番高い商取引の特色」に関心をもち、ウェーバーの経済史を読んだと回想している。論文「政治学に於ける国家の概念」もそこにヒントを得たという（「ウェーバー研究の夜明け」『丸山眞男座談〈8〉1977-1982』一九二～一九三頁）。

さらにその二年後、ウェーバーは「ローマ農業史――公法および私法にたいするその意義」を執筆し、この論文によってベルリン大学で教授資格を取得した。法学といっても、それに属する分野にはさまざまなものがある。そのなかでもウェーバーの関心は実定法や具体的な判例ではなく、法についての歴史的研究に向けられた。

教授資格を取得し、一八九三年にマックスはマリアンネ・シュニットガーと結婚した。そして翌年、フライブルク大学の国民経済学の教授に就任する。フライブルクの新居には、マ

ックス・クリンガー（一八五七～一九二〇）の「イブと未来」というシリーズのエッチング
が飾られた。母ヘレーネは裸体が描かれたこのエッチングを嫌がったが、もちろん若い夫婦
は気にしなかった。

このように書くと、この数年のウェーバーはあまりに順風満帆で、なんの問題もなさそう
にみえる。もちろんフライブルク大学への「就職」もさぞかしスムーズだったのだろうと思
われるかもしれない。しかしながら、この就職が決まるまでには、それなりに紆余曲折《うよきょくせつ》が
あった。彼は母に宛てた一八九三年七月二六日付の書簡で次のように書いている。

フライブルク〔「国民経済学」のポスト〕の話は、陰口によって事実上いちじるしく不確
実となりました。〔…〕わたしがやはり比較的退屈な法律学に縛られたままだとすれば、
残念至極というべきでしょう。〔…〕プロイセンにおける「素晴しい」、法律学上の前途
が自分の前にありますから、わたしはフライブルクをやはり跳躍板としてだけ利用する
でしょう（MWG II/2, S. 442-443.『青年時代の手紙』下、四三七～四三八頁）。

ウェーバーの人事には、プロイセンの文部官僚のフリードリヒ・アルトホーフ（一八三九
～一九〇八）による横槍《よこやり》が入った。彼はウェーバーをベルリンに留めておこうと画策した。

アルトホーフは、ノーベル賞受賞者を数多く輩出することになる大学の発展に貢献する一方で、「アルトホーフ体制」とも呼ばれるほど、強い影響力を行使した人物である。人事をめぐる思惑が錯綜《さくそう》するなかで、ウェーバーはモヤモヤした気持ちを手紙に記している。フライブルクはどうせ腰掛けだ、ということまで書いているが、どこまで本心だったのかは定かではない。

ウェーバーはのちに講演「仕事としての学問」で「人事の審査を思い出したがる大学教員はいない。それが気持ちのよい話になることはめったにないからです」（MWG I/17, S. 78.『仕事』二五頁）と述べている。フライブルク大学への就職までの経緯を、このときウェーバーは思い浮かべていたのだろう。

また、同じ講演でウェーバーは、アカデミズムの世界で就職できるかどうかは、「サイコロ賭博」である、とも書いている（MWG I/17, S. 75.『仕事』二二頁）。この言葉の原語は **Hazard** で、もともとはアラビア語の **az-zahr**（サイコロ）に由来する。長年ベストセラーの地位を保っている岩波文庫版の尾高邦雄《おだかくにお》訳『職業としての学問』では **Hazard** は「僥倖《ぎょうこう》」と訳されている。しかし、**Hazard** は **Glück**（英語の **luck**）ではない。ハザード・マップなどの用例があるように、ハザードには予想される災害などの「危険」という意味がある。この語を「僥倖」と訳すと、偶然が支配する、というニュアンスは出るが、あまりに危険なので、なるべく近寄らない方が賢明である、という意味がみえにくくなってしまう。研究で生きていくという進路選択は、「賭け」に似ている。

「僥倖」を語るのは、この「賭け」にたまたま勝った人だけである。「サイコロ賭博」では、多くの場合、人は負ける。

人事案件に自分がノミネートされているあいだ、振られたサイコロが転がるのを不安げに覗《のぞ》き込むように、ウェーバーはその行方をみていたのだろう。それでも結局、フライブルク大学への就職が決まった。

フライブルク大学教授就任講演と移民排斥

ドイツの大学では、教授資格を取得し、そのうえでどこかの大学で採用されると、新任教授は「教授就任講演」を行う。自己紹介の意味もあるので、この講演では自分を前任者から差別化し、自分のウリなどを、通常よりも明瞭に打ち出す傾向がある。ウェーバーの場合も、そうだった。彼の講演は話題になった。しかし賛同を得た、ということではなかった。むしろ逆であった。この講演を小さな本として刊行するとき、ウェーバーは序文で「わたくしが以下に掲げる論述を公刊しようと思いたったのは、わたくしの講演が、それを聴いた多くのひとたちから賛同を得たからではなくて、反対を受けたからである」（MWG I/4-2, S. 543.『国民国家と経済政策』五頁）と書いている。

教授就任演説のタイトルは「国民国家と経済政策」だった。ウェーバーは社会政策学会の農業労働者についてのアンケート調査に取り組んでいた。彼の教授就任演説はこの調査を踏まえて行われた。

プロイセンのユンカー（保守的な地主貴族）が政治的な発言権をもち続けていることで、ドイツの経済的な国益が損なわれている、とウェーバーは指摘した。国益が損なわれる、というのは、東エルベ地域へのポーランドからの労働者の流入を指す。

ユンカーの農業経営は、彼らから土地や住居などを貸与されるドイツ人の労働者（インストロイテ）によって担われていた。ユンカーとインストロイテの関係はパターナリスティックで、過酷な搾取もない代わりに、雇用をめぐる権利の観念も乏しかった。しかしこうした伝統的な支配は揺らぎ始めていた。インストロイテは次第に「自由」を求めて、都会に出ていき、賃金労働者になっていた。東エルベから流出した労働力を埋めていたのが、ポーランドからの出稼ぎ労働者、つまり移民であった。彼らはドイツ人の労働者が拒否するような、比較的悪い待遇でも働いてくれた。これはユンカーにとっても都合がよかった。権利意識が高くなりつつあった国内の労働者よりも、条件が悪くても働いてくれる外国人の方が「安上がり」という意味では魅力的にみえた。

こうしてみると、今日の外国人労働者の問題とこの時代の構図はかなり似ていることがわかる。「ベルリンの壁が崩壊して、グローバル化が進展した」というお決まりの説明では、こうした連続性がみえなくなってしまう。しかしもちろん、当時のプロイセンと現代では、違いもある。今日であれば、低賃金で働く移民労働者の流入は、それまで働いていた自国の労働者の雇用を奪い、失業を生み出す。あるいは労働のダンピングを促進する。こうして「グローバル化」でミドルクラスが没落し、彼らの不満を吸い上げる移民排斥政党が躍進するという光景がいろいろな国や地域でみられる。

これに対してウェーバーの時代には、このような下からの移民排斥の圧力はいまほどには強くなかった。その背景には、工業化が進むなかで、農業以外の分野での雇用が拡大していたという事情もあった。もちろん都市に出ることを選択すれば、プロレタリアートとして厳しい労働条件で働くことになる可能性が高かった。そのくらいであれば、ユンカーのもとで生活する方が、安定は得られる。しかし、隷従からの自由を希求する気持ちがこの不安を上回った。

この教授就任演説が依拠したアンケート調査の報告書『東エルベ・ドイツにおける農業労働者の状態』(一八九二年)で、ウェーバーは「個人主義的な傾向」を強調する。

故郷のないプロレタリアートになってでも、家父長制的な家計－経営共同体から解放されたいというのが、労働者のなかのまさしく最も有能な分子が抱いている、最も際立った志向なのである（MWG I/3-2, S. 919.『東エルベ・ドイツにおける農業労働者の状態』一七二頁)。

インストロイテについてのこうした記述には、ベルリンの実家にパラサイトしていたウェーバー自身の境遇が重ね合わされてもいる。彼らが求める自由について語るとき、ウェーバーの筆には力がこもる。いずれにしても、こうした理由から農地を離れるインストロイテの利害と、ポーランドからの農業移民の利害は衝突しておらず、むしろすれ違っている。このため、ドイツ国内において下からの移民排斥運動は大きくはならなかった。

しかし「下から」ではないが、ウェーバーは「上から」の政策として、国民国家の防衛のために東部国境を封鎖し、ポーランド移民の流入を食い止めることを主張する。要するに、彼は「壁を作る」ことを要求する。彼の立場については、「経済的ナショナリスト」という言葉が用いられることが多い。「リベラルな帝国主義者」、あるいは「リベラル・ナショナリスト」と呼ぶ論者もいる。いかなる呼称を用いるにしても、ウェーバーの主張が移民排斥論の一ヴァリエーションであることは否定できない。

当時もそうであったが、現在でも、国民の自由の要求と安全保障上の必要をどのように調整するのかという問題は論争的である。人が直視したがらない、厄介な問題だからこそ、ウェーバーはあえて公共的な議論のテーマにする。論争性は彼についてまわった。「われわれが子孫に餞《はなむ》けとして贈らねばならないのは、平和や人間の幸福ではなくして、われわれの国民的な特質を護《まも》りぬき、いっそう発展させるための永遠の闘争（ewiger Kampf）です」（MWG I/4-2, S. 560.『国民国家と経済政策』三三〜三四頁）と彼は述べる。ウェーバーの死後、一九二一年に『政治論集』というタイトルで、彼の政治的なエッセーや講演がまとめられた。この論集の巻頭「国民国家と経済政策」から、最後の「仕事としての政治」に至るまで、彼は一貫して政治における「闘争」の契機を強調し続けた。

英語の conflict（紛争）が社会・経済的な要因による対立を指す傾向が強いとすれば、ドイツ語の Kampf（闘争）では、行為主体のあり方により重きが置かれる。こうした闘う姿勢は、今日の日本の読者の多くにとって、あまりに理解しにくいものだろう。この点についてはのちほど、ウェーバーの宗教社会学を扱う際に、あらためて取り上げてみたい。

マリアンネの挑戦と男性中心の大学の変容

ウェーバーと結婚したマリアンネは大学を出ていない。マリアンネ・シュニットガーはレムゴーで女学校に通った。レムゴーはビーレフェルトの近くにある街で、かつて激しい「魔女狩り」が行われたことで知られている。彼女は卒業後、一八九二年に親戚宅の世話になって数週間、製図と絵画の勉強をするためにベルリンに来た。その親戚がウェーバーの家だった。

マリアンネとマックス

彼女にどれほどの芸術的な才能があったのかはわからない。ただ、当時、女性がギムナジウムに行くことは制度化されておらず、したがって女性が大学に行く道はほぼ閉ざされていた。その後ミュンヘン大学近くのシュヴァービング地区ですれ違うことになる「青騎士」のメンバーの一人、ガブリエレ・ミュンター（一八七七～一九六二）が画家になったのには、芸術であれば女性が排除されることがなかった、という理由もあったという。マリアンネも同様のことを考えていたのかもしれない。

のちにマリアンネはフライブルク大学で非正規の学生として、新カント派の哲学者ハインリヒ・リッケルト（一八六三～一九三六）のゼミナールに参加している。リッケルトは当時のドイツで、ヴィルヘルム・ヴィンデルバント（一八四八〜一九一五）とともに、最も有名な哲学者の一人だった。治安維持法で逮捕されて獄死した三木《みき》清《きよし》（一八九七〜一九四五）も、マルティン・ハイデガー（一八八九〜一九七六）に師事するまで、リッケルトのもとで学んでいる。

マリアンネは一九〇〇年には『フィヒテの社会主義、およびマルクス主義的な教養との関係』という本を出版し、その後も女性運動についての著作を中心に多くのものを書いた。マックスがハイデルベルクの家で開催していたサロンには、多くの場合、彼女も出席し、その集まりはマックスの死後も彼女のもとで続けられた。

二〇一八年に、カールスルーエのレッシング・ギムナジウムで「ドイツで最初の女子ギムナジウム創設一二五年記念」が祝われた。一八九三年、つまりマリアンネとマックスが結婚した年に、ようやく女性が大学に行く正規のルートが開かれることになった。こうした時代にあって、マリアンネは女性の教育促進の運動に深く関与した。その苦労と功績には、もっと目が向けられるべきである。

フライブルク大学、ハイデルベルク大学で、ウェーバーの元で学んだエルゼ・フォン・リヒトホーフェン（一八七四〜一九七三）も、最初は「聴講生」として大学で学んでいる（彼女とマックスの関係は、教師と学生というだけでは終わらず、マックスの死まで続くことになる）。マリアンネより数歳下の彼女は、一九〇〇年に、「労働者保護法制に対する権威的政党の立場の歴史的変化とその変化のモチーフについて」という論文で博士号を取得した。そしてエルゼはドイツの大学で学ぶ女性のフロントランナーの一人になった。

『人間の条件』（一九五八年）などの著作で知られる亡命知識人のハンナ・アーレント（一九〇六～一九七五）がマールブルク大学に入学したのは、一九二四年である。当時、まだまだ大学に女性は少なく、彼女はとても目立つ存在だったといわれている。男だけのドイツの大学が変容し始めたのは、マックス・ウェーバーが深く付き合ったマリアンネとエルゼの世代においてであった。それはアーレントが大学生になるよりも、さらに二〇年ほど前のことだった。

もちろんここは日本における女性教育について論じる場所ではない。ただ、津田塾大学の創設者の津田梅子《つだうめこ》（一八六四～一九二九）はマックス・ウェーバーと同じ年の生まれだ、ということは付記しておきたい。

第三章　自己分析としてのプロテスタンティズム研究

——病気と方法論と資本主義

ピューリタンは仕事人間たろうとした。私たちは仕事人間にならざるをえない。というのは、禁欲は修道士の小部屋から仕事の生活のただ中に移されて、世俗内的道徳を支配しはじめるとともに、こんどは、非有機的・機械的生産の技術的・経済的条件に結びつけられた近代的経済秩序の、あの強力なコスモスを作り上げるのに力を貸すことになったからだ。そして、このコスモスは現在、圧倒的な力をもって、その機構の中に入りこんでくる一切の諸個人〔…〕の生活のスタイルを決定しているし、おそらく将来も、化石化した燃料の最後の一片が燃えつきるまで決定しつづけるだろう。

MWG I/18, S. 486-487.『プロ倫』三六四〜三六五頁

関連年表

1669　レンブラント死去
1678　バニヤン『天路歴程』第１部（84年第２部）
1704　ジョン・ロック死去
1706　ベンジャミン・フランクリン生まれる
1719　デフォー『ロビンソン・クルーソー』
1776　アダム・スミス『国富論』
1809　ゲーテ『親和力』
1855　キルケゴール『瞬間』
1873　J・S・ミル『自伝』
1882　トルストイ『懺悔』
　　　『東エルベ・ドイツにおける農業労働者の状態』
1894　『取引所』
1895　フライブルク大学教授就任講演「国民国家と経済政策」
1896　イプセン『ジョン・ガブリエル・ボルクマン』
1897　ハイデルベルク大学教授に。父死去
1903　「ロッシャーとクニース」（～1906年）
　　　フォード・モーター創業
1904　『社会科学・社会政策雑誌』の編集を引き受ける
　　　「社会科学と社会政策にかかわる認識の「客観性」」
　　　「プロテスタンティズムの倫理と資本主義の精神」前半
　　　８月末～11月　アメリカ旅行
1905　「プロテスタンティズムの倫理と資本主義の精神」後半
1919　シュミット『政治的ロマン主義』
1925　フィッツジェラルド『グレート・ギャツビー』

働きすぎと心の病気

教授資格を取得し、結婚、そしてフライブルク大学への就職。この数年の間、ウェーバーはものすごい勢いで仕事をしている。すでに言及したように、「東エルベ・ドイツにおける農業労働者の状態」についての調査報告書をまとめた。さらに、証券取引所や農作物取引所などをめぐる一般に広がる、よくないイメージを是正すべく『取引所』（一八九四）を執筆した。そしてそれぞれ高い評価を受けた。

かなりハードな仕事の仕方をしていたことは、妻のマリアンネも心配しており、義理の母への手紙などでもそれについて書いている。そしてウェーバーはカール・クニースの後任としてハイデルベルク大学に移る。彼が最初に大学生活を送り、その後、長らく居を構えることになる大学都市である。この街でウェーバーは、国家学者のゲオルク・イェリネク（一八五一～一九一一）、プロテスタント神学者・宗教学者のエルンスト・トレルチ、文学史家のフリードリヒ・グンドルフ（一八八〇～一九三一）、哲学者のハインリヒ・リッケルト、ハンガリー出身の美学者・哲学者のジェルジ・ルカーチ（一八八五〜一九七一）、精神科医・哲学者のカール・ヤスパース（一八八三〜一九六九）など、多彩な人たちと、かなり濃密に交流することになる。

まさに前途洋々といったところだったが、ちょっとしたアクシデントから、ウェーバーの人生は突然、暗転する。一八九七年七月、ハイデルベルクの家に母を誘うも、父が付き添ってきた。母が一人で旅行することも許さない父に、マックスは腹をたてる。母に対する父の態度には、長年不満をもってきた。憤慨したマックスは、父と大げんかをする。父親は六〇歳で、息子は三〇歳を超えている。親子の関係性が変化して当然の頃合いである。一般論としては、こうした親子げんかはそれほどめずらしいことではない。むしろそれを経由することで、一定のバランスの回復がなされるのが通常であろう。ところが、立腹した父はその一カ月後、旅先で急死してしまう。和解の機会は永遠に失われ、やり場のない喪失感がウェーバーを襲う。そしてこのことがトリガーとなり、あれほど旺盛だった研究活動ができなくなる。もちろん大学の授業もできない。この心の病のため、彼はその後、数年にわたって各地を転々とし、療養生活を余儀なくされる。

J・S・ミルとトルストイ

この病気について、ウェーバーは自ら、自己診断の手記を書いていたという。この手記を読んだのは、妻マリアンネと、哲学者であるとともに、精神科医でもあったカール・ヤスパースだけだった。しかも、ナチ・レジームのもとで、ウェーバーの業績の全体が葬られることを恐れた妻によって、この手記は焼却された。研究者としては、この手記を読んでみたかったという思いはある。

ジークムント・フロイト（一八五六〜一九三九）の『夢判断』が刊行されたのは一九〇〇年のことだった。一九一八年の夏学期に、ウェーバーはウィーン大学で講義を担当した。この際によく葉巻を吸い、ビールを飲んでいたのが「銀の泉」だった。この宿屋兼レストランはベルクガッセ五番にあったが、この同じ通りの一九番がフロイトの診療所だった。「ウェーバーとフロイト」というのはたいへん魅力的なテーマである。「父親殺し」というモチーフも重なる。資料が遺《のこ》っていれば、研究が広がったかもしれない。しかし、資料がないので、彼の病気を論じる術はない。

それでも、イギリスの哲学者J・S・ミルを引き合いに出すことは許されるかもしれない。父による英才教育を受けたミルは、二一歳にして「精神の病」にかかる。それについて、彼自身が『自伝』で次のように記述している。

「かりにおまえの生涯の目的が全部実現されたと考えて見よ。おまえの待望する制度や思想の変革が全部、今この瞬間に完全に成就できたと考えて見よ。これはおまえにとって果して大きな喜びであり幸福であろうか？」その時抑えがたい自意識がはっきりと答えた。「否！」と。これを聞いて私の内心の気持はガックリとし、私の生涯をささえていた全基盤がガラガラとくずれ落ちた（『ミル自伝』一二〇頁）。

「心の病」というだけで、ミルとウェーバーの並行関係を読み込むことには慎重でなければならないだろう。しかし生き急ぐかのように「仕事」にしがみついてきた自分への懐疑が持ち上がり、生きることとの「意味」についての問いに直面するという点においては、一定の並行関係を認めることができる。そして、この「意味」への問いは、この時代を特徴づける問いでもあった。

当時のドイツでは、レフ・トルストイ（一八二八〜一九一〇）が熱心に読まれていた。『懺《ざん》悔《げ》』（一八八二年）で彼は「何のために？」「で、それから先は？」と自分に問いかける。ウェーバーは後年、講演「仕事としての学問」でトルストイについて次のように述べている。

レフ・トルストイの作品のなかで、こうした問いが最も原理的に投げかけられているのが、みなさんにもわかるでしょう。彼はまったく独自の仕方でこの問いにたどり着きました。死というのは意味のある現象なのか否か。トルストイが思いわずらった問題の全体は、次第にこの問いをめぐって展開されるようになります。トルストイの答えはこうです。文化的人間にとって、死に意味はない。詳しく述べると、「進歩」、つまり終わりのないものに組み込まれた、文明化された個別の人生は、その内在的な意味によるならば、終わりをもつことが許されないので、死は意味をもたない。というのも、そこにいる人の前には、もちろんさらに続く進歩が横たわっていて、死ぬ者はだれも無限の高みにはとどまれないからです（MWG I/17, S. 87-88.『仕事』四五頁）。

ここでウェーバーはトルストイの問いについて淡々と述べている。一般向けの講演なので、流行作家に言及した方が、理解してもらいやすいだろう、とでもいうように。しかし、ウェーバーは二〇年前に自分がくぐった地獄をトルストイに託して語っている。問題を明晰《めいせき》に把握し、そしてそのうえで諦めるという作業が完了しているからこそ、この一節が書けている。

イプセン「氷のように冷たい手は私を放した」

ウェーバーは病気のさなかにあって、一八九八年八月四／五日付のマリアンネへの書簡で、次のように自己分析している。

このような病気はそれなりに好ましいところを大いに持っている。〔…〕ぼくはジョン・ガブリエル・ボルクマンとともに、「氷のように冷たい手は私を放した」と言えるだろう。なぜならぼくの病的な素質は今までの歳月のあいだ、それが何から自分を守るものかはわからなかったが、何かの護符にしがみつくように学問的な仕事に痙攣《けいれん》的にしがみつくということにあらわれていたからだ（MWG II/3-2, S. 540. マリアンネ・ウェーバー『マックス・ウェーバー』一八九頁）。

ここで出てくる「ジョン・ガブリエル・ボルクマン」は、『人形の家』『民衆の敵』などで知られるノルウェーの劇作家ヘンリック・イプセン（一八二八〜一九〇六）の作品に出てくる登場人物の名前で、この人名が作品のタイトルにもなっている。『ジョン・ガブリエル・ボルクマン』の出版は一八九六年で、ドイツ語訳が出たのはその翌年だった。仕事が手につかないなか、ウェーバーは新作を読み、そこに自分をみてとる。

ちなみに、この作品は森鷗外《もりおうがい》（一八六二〜一九二二）によって一九〇九年に翻訳されており、国立国会図書館デジタルコレクションで読むことができる。右の引用に出てくる「氷のように冷たい手は私を放した」(Eine eisige Hand ließ mich los /An Icy Hand Has Set Me Loose)というフレーズを、鷗外は簡潔に「やっと楽になった」と訳している。

方法論への関心と流出論

これだけ冷静に、突き放して自分のことを分析できてはいるが、ウェーバーの病気はなかなか回復しなかった。完治しないまま、最初におそるおそる手がけた論文は「ロッシャーとクニース」(一九〇三〜〇六年)、そして「社会科学と社会政策にかかわる認識の「客観性」」(一九〇四年)という「方法論」の研究だった。

方法論への関心は、自分がこれまでしてきた研究、そしてこれから手がける研究のあり方を、反省し、自覚化しなければならないという欲望からきている。あるいはどのような方法は避けなければならないのかを確認する必要といった方が正確かもしれない。このときウェーバーが批判的に検討したのは、歴史学派の巨匠の方法論だった。

ここでウェーバーは「流出論」を問題にする。流出論というのは、ある究極的な実体(真の実在)があり、ものごとはそうした実体から説明できる、という考え方である。このときの実体は汎神論的な神でも、ドイツの民族精神でもありうる。それればかりかクニースにおける「人格」概念にも、ウェーバーは同種の論理構造をみる。

「人格」の本質は、クニースにとってはなによりもまず、ひとつの「統一体」だということである。だがこの「統一体」は、クニースにあっては、直ちに自然主義的有機体的に考えられた「統一性」の観念へと変化してゆき、またこの後者はあらためて（「客観的な」）内的「無矛盾性」として、したがって窮極的には合理的なものとして説明される（MWG I/7, S. 369-370.『ロッシャーとクニース』二、一四〇頁）。

究極的な「実体」を設定する議論は、なんでもそれを根拠にして説明しようとし、かつそうすることができてしまう。したがってこうした議論は出来事をすべて現状追認的に正当化してしまい、批判的な問い直しを不可能にする。ウェーバーはこの点を問題にする。のちにカール・ポパー（一九〇二～一九九四）は、科学と非科学を区別するメルクマールとして「反証可能性」を挙げる。ある仮説がいかなる実験やデータによっても否定されない構造をもっているとき、その仮説は「反証不可能」であり、このため科学ではないという。科学／非科学をこの基準で分類すると、マルクス主義や精神分析などはすべて科学ではない、ということになる。思想史的な研究が対象にするのは、もう少しゆるやかな意味連関であり、それをめぐる解釈である。したがってポパーの議論に全面的に依拠すると、思想史的な考察は成り立たなくなる。そしてそもそも反証可能な命題だけが科学であるとするポパーの反証主義も反証不可能ではないか、という論駁《ろんばく》もできなくはない。しかしいずれにしても、ウェーバーが問題にする「流出論」は、ポパーの反証主義的な基準において非科学とされる典型的な議論であるということはできる。この批判において、ウェーバーとポパーは一致する。

もっとも、ウェーバーの場合、科学／非科学を明確に区別することが第一義的な目的ではなかった。むしろ彼にとっての問題は、無矛盾な実体を持ち出すことで区別されるべきものが区別されず、異なる価値が不当に混ぜ合わされることの方であった。彼は流出論的な思考を指して「似非《えせ》ヘーゲル主義」という表現も用いている。和解できないものを、「アウフヘーベン」したことにしてしまうことに対して、彼は憤りを隠さない。

カール・シュミット『政治的ロマン主義』

ウェーバーが流出論を批判するのは、すでに述べたように、方法論においてだった。しかし、この論点は方法論のレベルでは終わらない。統一的な実体を設定することで、対立を無化するというロジックは、政治理論的に重要な意味をもつ。この点を最も明晰に描き出したのが、カール・シュミット（一八八八～一九八五）の『政治的ロマン主義』だった。論文「ロッシャーとクニース」において、ウェーバーも流出論的な人格概念を説明するのに、ロマン主義という用語を用いているが、この概念を政治理論的に展開したのは、シュミットの功績である。

カール・シュミット

ウェーバーが講演「仕事としての政治」を行った一九一九年に、シュミットはこの本を出し、「ロマン主義者の精神的立場において最も重要な点は、神々の争いに自分の主体的人格を介入させないことである」（『政治的ロマン主義』七七頁）と書いた。なんらかの大義（causa）にコミットすることを避け、対立する大義を媒介しようとする主体は、「友と敵の区別」を回避することになる。ウェーバーはくりかえし「なにごとか」（Sache）に仕えることを求めた。ドイツ語のザッヘは英語ではthingにあたり、「もの」「こと」「事柄」「本質」などと訳されるが、シュミットの『政治的ロマン主義』の用語を使えば、大義ということになる。なんらかの大義（「なにごとか」）にコミットすることから逃げ、敵対する大義との対立を引き受けることをしないので、ロマン主義者は右でも、左でも、ご都合主義的に、無節操に、さまざまな政治勢力と野合していく。シュミットはさまざまな偶然的な機縁（occasio）に振り回され、筋を通さず、ブレ続ける彼らを憎らしいくらいにうまく描きだし、「主観化された機会原因論」と命名する。

ウェーバーによる流出論批判のロジックは、シュミットによって政治理論として展開される。シュミットは『政治的ロマン主義』を執筆している時期に、「仕事としての学問」（一九一七年一一月七日）、「ドイツの新政治秩序」（一九一八年一一月四日）、「仕事としての政治」（一九一九年一月二八日）という三つの講演を聴き、一九一九／二〇年冬学期のミュンヘン大学でウェーバーが担当していた講義「普遍的経済・社会史概要」と講師向けのゼミに出席している。

「価値自由」とボイテルスバッハ・コンセンサス

方法論に話を戻したい。ウェーバーの方法論的な著作のなかで一つの到達点になっているのが、「ロッシャーとクニース」（第一部）の翌年、一九〇四年に書かれた論文「社会科学と社会政策にかかわる認識の「客観性」」である。この年、ドイツ社会民主党系の著述家のハインリヒ・ブラウン（一八五四〜一九二七）が編集していた『社会立法・統計雑誌』を、ウェーバーの友人エドガー・ヤッフェ（一八六六〜一九二一）が買い取り、その後続雑誌『社会科学・社会政策雑誌』を刊行することになった。ウェーバーはヴェルナー・ゾンバルト（一八六三〜一九四一）とともに、この雑誌の編集を引き受けた。「客観性」論文は、この雑誌の編集方針を述べたものである。

「客観性」という言葉を聞くと、個人の「主観」的な価値判断はすべて排除することだと思われがちだが、ウェーバーはこうした意味での「客観性」を否定する。私たちは皆、なんらかの「観点」に立脚してものをみているのであり、そうした（主観的な）「観点」なくしては、そもそも世界をみることはできない。ウェーバーはこのことを強調し、そのうえで、自分が立脚する「観点」を自覚化することを求める。ウェーバーは「価値自由」という言い方をする。ある「観点」の選択については恣意性を排除できないが、その選択のあとの思考プロセスには価値の混入がないようにする、という意味である。

ウェーバー研究者の安藤英治《あんどうひではる》（一九二一〜一九九八）は、雑誌『思想』一九五九年九月号に掲載され、のちに『マックス・ウェーバー研究』に収録される「マックス・ウェーバーにおける「主体」の問題」で、ウェーバーの使うWertfreiheit（英語ではvalue-freedom）の訳語は「没価値性」ではなく、「価値自由」とすべきだと主張した。たとえば免税（tax-free）という場合、freeは「免れている」、あるいは「ない」という意味である。こうした用法から類推すると、バリュー・フリーは「没価値的」と訳したくなるが、安藤は違うという。

〝ヴェルト・フライハイト〟とは価値を〝離れ〟たり没〝する〟ことではなく、価値を持ちながらそれに〝囚われない〟、そして囚《とら》われないという意味において〝自由な〟、態度を指すことになるはずである。〔…〕ヴェルト・フライハイト即実践後退という見解は、まさにウェーバーが批判していることをウェーバー自身の主張と思い込む錯覚というべきであろう（『マックス・ウェーバー研究』八九頁）。

ウェーバーが述べているのは価値をすべて捨象することではなく、むしろそれを自覚的に引き受けることであるとすれば、ヴェルト・フライハイトの訳語は、「価値から自由になる」、あるいは「価値に対する自由」という意味での「価値自由」が適切ということになる。

自分が社会を観察するときの「観点」を自覚していないと、知らないうちに「事実」の名のもとにその「観点」が自然化されてしまう。近年、「エビデンス」を示して、それを根拠にして議論しろといわれることが多い。政策立案の根拠とその後の検証可能性を確保する意味でも、これは大事なことであろう。しかし、その際においても忘れられてはならないのが、その「エビデンス」は裸の客観性を有しているわけではない、ということである。「エビデンス」をピックアップし、評価するなんらかの「観点」がなければ、その「エビデンス」に意味は付与されない。「エビデンス」はだれかがある「観点」から拾い上げることによって、はじめて「エビデンス」になっている。

一九〇九年にウィーンで行われた社会政策学会で、ウェーバーは次のように発言している。

> なぜわたしが異常に厳しく、ことあるごとに重箱の隅をつつくようにして、あるべきものとあるものの間の混同に反対するのかと言えば、それはわたしが当為の問題を過小評価するからではありません。むしろまったく逆です。わたしは世界を揺り動かす意義を有し、最大の理念的射程を有する問題、つまりある意味で人間の胸底を揺すぶる最高レベルの問題が、ここにおいて「生産性」という技術的・経済的な問題に変換され、国民経済学のような一専門学科の議論対象にされることがなんとも我慢できないのです（MWG I/12, S. 210-211.「国民経済の生産性によせて」『政治論集』1、一一〇頁）。

「生産性」という用語に、ウェーバーはカッコを付けている。党派的な価値観の争いから逃れていて、ニュートラルにみえる指標には注意が必要である。そうした客観性の外見のもとで、価値の問題が軽んじられることに、ウェーバーは苛立《いらだ》つ。世界にはさまざまな価値が存在する。自分だけは客観的だと考える科学者は、しばしば自分自身の党派性を忘却して、尊大な態度をとる。

こうした政治性を自覚した「客観性」の主張は、教育における「政治的中立性」の議論として展開することも可能である。教育現場では、教師によって、ある特定のイデオロギー的な立場が生徒・学生に押し付けられることは避けられなければならない。しかし、あらゆる党派的な議論を排除してしまっては、およそ政治教育は不可能である。選挙制度や議員定数などについて知識を得ても、そのルールのもとで自分が一人称でなにを主張し、なにに反対し、そして他の立場の人とどのように議論するのかについて知らず、またそうした経験をもたないならば、それは政治を学んだことにはならない。

日本の政治教育では、しばしば政治的な党派性をすべて排除することが要求される。そしてこうした排除によって政治的中立性を確保しようとする。しかし、ウェーバーの「客観性」論からすると、そうした試みは不可能である。それどころか不可能なことを必要なこととして求めるがゆえに、多数派の党派的な見解がまるで無色透明であるかのように語られ、そして教え込まれてしまう。

教育における党派性・政治性の自覚への要請は、いわゆる「ボイテルスバッハ・コンセンサス」につながっていく。一九七六年にバーデン＝ヴュルテンベルク州のボイテルスバッハで開催された会議にちなんで、この名称が付けられている。ある争点をめぐって対立する意見が並存している問題については、教師も「傍観者」ではありえない。そして「傍観者」としての振る舞いは社会問題・政治問題への向き合い方として正しくもない。もちろん、教員が自分の見解を生徒に押しつけることは、禁じられるべきである。しかし、論争のあるものは論争のあるものとして扱い、生徒が自分の意見を反省的に捉え返し、それを基礎にして政治参加することを促すものでなければならない。「ボイテルスバッハ・コンセンサス」では、こうしたことが確認されている。

ウェーバーの「客観性」論もこの点において同じである。「客観性」によって党派性や論争性に終止符が打たれるわけではない。むしろ彼の「客観性」論は党派性や論争性を当事者に自覚化させ、価値をめぐる対話を促そうとする。すべての人を説得することができる理論は、それによって政治的な空間を窒息させてしまう。政治的な立場は、不可避的に党派的である。「友と敵」がいないところに、政治はない。

この意味で、真理は政治の敵である。複数の意見の可能性があるところでのみ、政治的な議論は成り立つ。全員の賛同を得ることは期待できないが、「私はこう思う」と一人称で語る余地を確保できない政治理論は非政治的である。カッコの付かない客観性を我がものとして、その他の意見を排除することを目指す理論的な営みは、政治学の名のもとで、政治を否定しかねない。

もちろんエビデンスを示して、客観的に論証するという営みを否定するわけではない。さまざまな考え方の人が存在する社会では、普遍化可能性という基準は重要である。しかし、「個人的には、こう思います」と申し訳なさそうに話す人は、ある種の学問の雛形に囚われすぎている。通説や多数派に逆らっても一人称で、党派的に語ることを可能にし、そして場合によってはそれを促すような学びのあり方が、政治教育には必要である。

迫害の時代にキリスト者であることと、多数派がキリスト教のところでキリスト者であることは、たとえ主張が同じでもまるで異なる。「単独者」のあり方を問い続けたのは、デンマークの哲学者セーレン・キルケゴール（一八一三～一八五五）だった。「だれもかれもがキリスト者であるならば、まさにそれゆえに、キリスト教は存在しない」（『キルケゴール著作集19』一〇〇頁）と彼はいう。普遍化可能な倫理とは別のところで、「個人」が問われる。『プロテスタンティズムの倫理と資本主義の精神』でも、ウェーバーは次のように書いている。カルヴィニズムの世界には「キルケゴール的な意味での個人と倫理の分裂」（MWG I/18, S. 294.『プロ倫』一六七頁）がない。

『プロテスタンティズムの倫理と資本主義の精神』の問題設定

方法論とともに、この時期にウェーバーが取り組んだのが「プロテスタンティズムの倫理と資本主義の精神」であった。ウェーバーはこの論文を、自身が編集を引き受けたばかりのジャーナル『社会科学・社会政策雑誌』に、一九〇四年と一九〇五年の二回に分けて掲載している。今日、マックス・ウェーバーがマックス・ウェーバーとして世界的に名声を享受しているとすれば、その多くの部分は、彼が病み上がりの時期に、この作品を書いたからといっても過言ではない。もちろん、ウェーバーの研究者人生はこの後も続くし、のちに『宗教社会学論集』第一巻を編む時点で「プロテスタンティズムの倫理と資本主義の精神」にはそれなりの加筆がなされ、その位置付けも変わってくる（これについては第五章でふれる）。さらに政治学者からして興味深い論考の数々は、プロテスタンティズム研究よりもあと、第一次世界大戦中に書かれることになる。しかしそれでも、今日に至るまで、一般の読者からプロの研究者まで、多くの人を惹《ひ》きつけてやまないのは、この作品である。

この論文は、禁欲的プロテスタンティズムと資本主義の連関を扱っている。かなり突飛な関連づけであるが、少なくともその一部は、ゲオルク・イェリネクからインスピレーションを得たものだった。イェリネクはハイデルベルク大学の法学部の教授で、ウェーバーとも交流があった。美濃部達吉《みのべたつきち》（一八七三〜一九四八）の「天皇機関説」に影響を与えた法学者として、名前を知っている人もいるかもしれない。このイェリネクは人権の起源についての論文を書いている。彼は人権とフランス革命ないし啓蒙《けいもう》思想とのつながりに疑問を呈し、次のように述べる。「個人の、譲渡できない、生得的で、神聖な諸権利を法的に確定しようとする理念は、政治的ではなく、宗教的な起源をもつ。これまで革命の産物であると思われていたものは、実は宗教改革およびその闘争の果実なのである」（『人権宣言論争』九九頁）。ウェーバーは、人権宣言の宗教的な起源というイェリネクのテーゼを、経済と宗教の関係に転用した。この痕跡は、一九二〇年に加筆・修正されて刊行された『宗教社会学論集』第一巻では消されているが、当初の雑誌論文では、「「良心の自由」の成立史ならびに政治的意味については、周知のようにイェリネクの『人権宣言』が基本である。わたし個人もこの著作から、あらためてピューリタニズムに取り組もうという刺激を得た」（MWG I/9, S. 314）と明記されている。

「近代の大商工企業における資本所有や経営、それから高級労働にかかわりをもつプロテスタントの数が相対的にきわめて大きい」（MWG I/18, S. 127-128.『プロ倫』一六頁）。こうした経験的な事実から、ウェーバーは論証を始める。『プロテスタンティズムの倫理と資本主義の精神』は、禁欲的プロテスタンティズムと資本主義経済の因果関係の論証を試みている、といわれることがある。しかしここでの「因果関係」をどのように理解するのかは哲学的にも、歴史学的にも大問題である。ウェーバーの方法論に関心をもつ研究者は、当然、彼の方法論的な著作を手がかりにして『プロテスタンティズムの倫理と資本主義の精神』の論証を説明しようとしてきた。

ただ、この論文では、因果関係についての理論的基礎は明示的には示されていない。ウェーバーは「選択的親和性」（MWG I/18, S. 256.『プロ倫』一三六頁）という言葉を用いている。

選択的親和性は、プロテスタンティズムが資本主義を生んだ、という因果関係ではない。むしろ一見、まったく関係のない両者が相互に化学反応を起こす、というイメージの言葉である。『親和力』（一八〇九年）と邦訳されているゲーテの作品がある。ドイツ語のオリジナルタイトルは Die Wahlverwandtschaften で、直訳すると「選択的親和性」となる。英語では Elective Affinities と訳されている。

それにしても、そもそもなぜ宗教意識と経済の資本主義が関係づけられるのか。多くの人はその初発の時点から困惑することになる。資本主義といえば、アダム・スミス（一七二三～一七九〇）が『国富論』（一七七六年）のなかで、「見えざる手」について論じたことはよく知られている。私利私欲を求めて市場に入ってくるアクターは、市場の論理にしたがうことで、結果として「公益」に資することになる、という説明ならば理解できなくはない。また、ウェーバーの同時代のヴェルナー・ゾンバルトのように、恋愛や贅沢や戦争が資本主義経済を動かしているというのであれば、日常的な直観にも合致する。

これに対してウェーバーは逆説的な「転換」に注目し、次のように述べる。

決定的な転換を生み出したのは、通常〔…〕厚顔な投機屋や冒険者たち、あるいは端的に「大富豪」などではなくて、むしろ厳格な生活のしつけのもとで成長し、厳密に市民的な物の見方と「原則」を身につけて熟慮と断行を兼ねそなえ、とりわけ醒めた目でまたたゆみなく綿密に、また徹底的に物事に打ちこんでいくような人々だったのだ（MWG I/18, S. 191.『プロ倫』七八頁）。

最も信仰心に篤く、それゆえ拝金主義を嫌悪している禁欲的プロテスタンティズムの信者が最も熱心にビジネスに勤《いそ》しみ、そして成功しているのはなぜなのか。社会科学の方法論の水準でこの論証が成功しているのかどうかについてはいろいろな議論がありうる。ただ、ウェーバーの生涯をたどる本書の視点からして興味深いのは、プロテスタント的な信仰から金《かね》儲《もう》けをひどく憎みながら、実際は事業で成功したモデルが、まさにウェーバーの家系だった点である。すでに第一章で述べたように、母方の家系は、フランスのカルヴァン派、つまりユグノーで、ドイツに逃れてフランクフルトで商売を営み、莫大な資産をのこしていた。もっとも、ウェーバーの祖母エミーリエの父カール・コルネリウス・スーシェーは「禁欲的プロテスタンティズム」を体現した人というよりは、「冒険資本家」的な実業家であったようなので、この人が『プロテスタンティズムの倫理と資本主義の精神』の実在するモデルとはいえない。複数の事例から要素を抽出し、再構成するという操作がなされている。それでも、家系的なつながりはウェーバーによって意識されていた。

ウェーバーの方法論研究が病み上がりの自己確認だったとすれば、『プロテスタンティズムの倫理と資本主義の精神』もまったく異なるかたちではあるが、自分がいまの自分になったことをめぐる系譜学的な研究になっている。

ベルーフ

このように読んでいくと、ルターが聖書のドイツ語翻訳で用いたベルーフ（Beruf）の概念に、なぜかくもウェーバーがこだわるのかも理解できる。ベルーフには、世俗の世界で生計を立てるための職業という意味と、「神から与えられた使命」という、いわば天職の意味の両方がある。

前者の意味でのベルーフは、今日でも日常的によく用いられる。「ご職業はなんですか？」（Was sind Sie von Beruf?）と聞かれたら、「私は教師です」「私は本屋です」「私は画家です」「私は税理士です」など、それによって生計を立てている職業を答えることになる。生活のためになされる活動、これが前者の意味でのベルーフである。フェミニストの小説家ヴァージニア・ウルフ（一八八二〜一九四一）によって書かれたエッセーに「女性にとっての職業」（Professions for Women）がある。ここで使われている「職業」は、一定の知的訓練を必要とし、それによって女性が自立して生計を立てることができる営みのことである。

これに対して後者の意味は、Beruf の動詞形 rufen（呼ぶ）にかかわる。神によって呼ばれた、つまり「召命」されたもの、というのがこの言葉の含意である。この場合のベルーフの英訳は calling となり、ここでもやはり（神によって）呼ばれるという意味が確認できる。

ローマのサン・ルイジ・デイ・フランチェージ教会の聖堂に掲げられている、カラヴァッジョ（一五七一～一六一〇）の作品「聖マタイの召命」（Vocazione di san Matteo）のドイツ語タイトルは、Berufung des Hl. Matthäus である。Berufung は「呼ぶ」の名詞形で、召命、招聘、使命を与えることといった意味である。イエスがローマの取税人をしていたマタイを指差し、まさに「呼ぶ」瞬間を、カラヴァッジョは彼らしい光と影のコントラストで描いている。この絵のなかで、誰がマタイなのかについては論争がある。私は、下を向いてテーブル上のカネを数えている最後尾の若い男がマタイだと思う。淡々と仕事をしていた彼は、特別に召命されることで、おそらく次の瞬間には立ち上がり、すべてを捨ててイエスに付き従うことになるようにみえる。呼ばれることで、使命が付与され、それが仕事になる。こうした意味でのベルーフは、それで生計が立つのかどうかとか、自分がそれをやりたいのか、というのとはまったく異なる次元における「使命」を指す。

生計を立てる営みであると同時に、使命でもある。ベルーフという言葉にはこの二つの意味がある。このため Cambridge Texts in the History of Political Thought シリーズの *Weber:*

Political Writings, 1994では、ベルーフを二語で表現して“The Profession and Vocation of Politics”というタイトルを採用している。この二つの意味を言い表すのに、私は「仕事」を使っている。「職業」ではベルーフの前者の意味しか表現できず、「天職」では後者の意味しかもたない。これに対して「事に仕える」と書く「仕事」は両方の意味を含みうるから、というのがその理由である。

今日、「働き方」がますます難しくなっているなかで、ベルーフの訳語の再検討はウェーバー研究だけの問題ではない。彼にとってこの言葉は、ワーカホリックなまでに、「仕事」に痙攣的にしがみついていた、ついこの前までの自分を読み解く鍵でもあった。

こうして、プロテスタンティズムの倫理から「意図せざる結果」として近代資本主義が生み出されていく。ウェーバーは次のように述べている。「近代資本主義の精神の、いやそれのみでなく、近代文化の本質的構成要素の一つというべき、ベルーフ理念を土台とした合理的生活態度は〔…〕キリスト教的禁欲の精神から生まれ出た」（MWG I/18, S. 484-485.『プロ倫』三六三～三六四頁）。

レンブラントと『自由からの逃走』

このようなベルーフ概念の導入にもかかわらず、ルター自身は現世の権力に対して、基本的に保守的な立場を保持した。現世を改造するという強い動因は、ルターの教理からは出てこなかった。これに対して、カルヴィニズムは、自分が救われるのか救われないのかは、すでに神によって「予定」されている、とする予定説を唱えた。この予定説によって、「個々人のかつてみない内面的孤独化の感情」(MWG I/18, S. 278.『プロ倫』一五六頁)が生じ、それゆえ個々人はますます世俗の仕事に邁進《まいしん》することになった、とウェーバーは解釈する。

ウェーバーはカルヴァン派であったオランダの画家レンブラント(一六〇六～一六六九)について、次のように書いている。

> 無比の天才レンブラントは、その「行状」がピューリタンの神のまえにはまったく恩恵を見いださなかったとしても、創作の方向においては彼の教派的な環境によってほぼ根本的に規定されていた(MWG I/18, S. 459-460.『プロ倫』三三二頁)。

ピューリタンは劇場を排斥し、感覚芸術を否定した。芸術に対して、彼らはきわめて敵対的だった。これに対してオランダでは、いち早く国教会に移行したこともあり、神権政治の規制力はかなり弱かった。しかしそうしたことはあるものの、「あの人格の強力な内面化」はオランダの芸術家にも深く浸透していた。ウェーバーは『プロテスタンティズムの倫理と資本主義の精神』のなかで、レンブラント作の「サウルとダビデ」に言及している。彼は一九〇三年にマウリッツ美術館でこの作品を鑑賞し、妻に手紙で感想を送っている（MWG II/4, S. 79）。ただここではそれ以上に、レンブラントが数多くの自画像を描いた画家だった、ということに注目を促しておきたい。彼はくりかえし「自分」（self）を主題化した。

のちにナチズムに引き寄せられていくドイツ人の心理分析の一つに、エーリッヒ・フロム（一九〇〇〜一九八〇）の『自由からの逃走』（一九四一年）がある。フロイトの精神分析とともに、この研究が依拠しているのが、ウェーバーによるカルヴィニズムの解釈であった。フロムはウェーバーの研究に言及しながら、「カルヴィニズムで優勢になった特性」についてこう書いている。

> 個人は疑いと無力さの感情を克服するために、活動しなければならない。このような努力や活動は、内面的な強さや自信から生まれてくるものではない。それは不安からの死にものぐるいの逃避である（『自由からの逃走』九九頁）。

比較的安定した伝統的な秩序から抜けでた人びとは、それによって自由を手に入れるが、同時に「内面的孤独化の感情」にも苛まれる。こうした心理状態を、多かれ少なかれ、「近代人」はみな経験する。しかも、いまのようにインターネットやSNSがある環境では、もちろんない。独りの夜は長い。「個人」として独り立ちすればするほど、「個」であることの重荷がのしかかる。それに応じて、この重荷を下ろし、再び共同体的な紐帯《ちゅうたい》に包摂されたいという欲望も大きくなる。

フロムは、ワイマール共和政からナチズムへの移行を、こうした心理から説明した。『自由からの逃走』(Escape from Freedom)というタイトルは、ドイツ語版では『自由への怖れ』(Die Furcht vor der Freiheit)である。どちらも、このストーリーをうまく表現している。

ジョン・ロックとベンジャミン・フランクリン

今日の、比較的世俗化された世界で生きている人にとっては、『プロテスタンティズムの倫理と資本主義の精神』で論じられていることは、なにやら荒唐無稽な話に聞こえるかもしれない。しかしウェーバーが注目した禁欲的プロテスタンティズムの時代は、世俗化以後を生きている人には想像できないほど「宗教的」だった。

ジョン・ロック(一六三二〜一七〇四)は、社会契約論や寛容を論じる、きわめて近代的、かつ世俗的な政治思想家だと理解されることが多い。しかし当時のコンテクストを復元しながら、ロックを研究してきた加藤節《かとうたかし》(一九四四〜)は「M・ウェーバーの研究が示すように、少なくともロックが生きた一七世紀ヨーロッパの思想史に関するかぎり、思想の近代性には、より強く宗教や宗教的エートスによって準備され、支えられた面があった」（『ジョン・ロック』二一三頁）と指摘している。

エートスというのは、ある集団で持続的に維持されてきた精神的な態度、あるいは「気風」のことである。こうしたエートスをもはや共有しない、のちの時代のロックの読者は、信仰の位相への関心をもたなくなり、世俗的な思想家として彼の本を読むようになる。少なくとも戦後の日本でロックに関心が寄せられたのは、権力の物神性を破壊する社会契約の論理性ゆえであった。松下圭一《まつしたけいいち》（一九二九〜二〇一五）がジョン・ロックを読むことで、官僚主導の「統治」を批判し、市民社会が市民政府をつくるという原則を骨太に主張したとき、彼の解釈に宗教論が入る余地はほとんどなかった。こうした理解はジョン・ロックの政治思想の理解としては、歴史的な背景を忘却している点で、疑わしいとはいえる。しかし、別の言い方をすれば、『統治二論』（一六九〇年）は、当時の歴史的なコンテクストを軽視して、現在の日本の状況に引き付けて読んでも十分に説得力を感じるほどに、宗教的なものから自律した論理性を有している、ということでもある。

宗教的なモチーフから出発した理論が、しだいに当初のモチーフから離脱しながら展開していくという点では、ウェーバーが描く近代資本主義も同じである。アメリカの政治家、実業家、科学者で、一〇〇ドル札にもなっているベンジャミン・フランクリン（一七〇六～一七九〇）は、ジョン・ロックの死から二年後に生まれた。フランクリンは次のように書いている。

時はお金なりということを忘れないでください。一日働けば一〇シリング稼げる者が、半日出歩いたり、家の中で何もせず怠けていたりしたら、その気晴らしや怠惰に六ペンスしか使わなかったとしても、それだけが支払わされたと計算してはいけません。本当は、その他に五シリングのお金を使った、というよりむしろ捨てたということになるのです（フランクリン『若き商人への手紙』九頁）。

「時は金なり」。強欲な見かけに反して、フランクリンの生き方はかなり強い倫理的な信条に支えられている。しかしここでは信仰的な要素はかなり希薄になっている。ウェーバーが「資本主義の精神」と呼ぶのはまさにこれである。

ベンジャミン・フランクリンの例に見たような、正当な利潤を Beruf〔仕事〕として組織的かつ合理的に追求するという心情〔信条〕を、われわれがここで暫定的に「（近代）

資本主義の精神」と名づけるのは、近代資本主義的企業がこの心情〔信条〕のもっとも適合的な形態として現れ、また逆にこの心情〔信条〕が資本主義的企業のもっとも適合的な精神的推進力となったという歴史的理由による（MWG I/18, S. 185.『プロ倫』七二頁）。

宗教的な動機によって世俗の労働に勤しんでいた人たちから宗教心が抜ければ、勤勉で、合理的な営利活動と、それを善とする経済倫理が残る。ダニエル・デフォー（一六六〇～一七三一）の『ロビンソン・クルーソー』（一七一九年）の登場人物にも似たことがいえる。クルーソーは、離島で勤勉、かつ合理的に孤独な生活を送る。彼はカルヴィニズム系の非国教会派という設定であるが、離島暮らしの最初の時点では基本的に宗教には無関心であった。それでも彼は模範的なまでに自己規律的である。

クルーソーが合理的、計画的に離島での生活環境を改造していくのは、宗教的な動機からではない。彼の場合はむしろ逆であった。離島での孤独な生活のなかで苦難の意味を考えるという内省を経ることで、彼は信仰に目覚めていく。

「精神のない専門人、心情のない享楽人」と『グレート・ギャツビー』

「ピューリタンは仕事人間たろうとした。私たちは仕事人間にならざるをえない」。ここで

「仕事人間」と訳したのは、Berufsmensch である。大塚久雄は「天職人」と訳している。前半のピューリタンの部分で「天職人」という訳語を使うのは自然である。しかし、宗教的な動機づけがもはや抜け出してしまっている後半部分を「天職人」と訳すことには問題がある。

内面ではなく、外枠が自己展開するなかで、内面はむしろ外枠によって閉じ込められ、それどころか無用なものにされていく。今日の資本主義的な営利活動は、あたかも「スポーツのような」性格を帯びてきている、とウェーバーはいう（MWG I/18, S. 488.『プロ倫』三六六頁）。純粋にゲームを楽しむように、証券取引が行われている世界にあって、かつてのような宗教的な動機づけが入り込む余地はない。あるいはそれどころか、そもそも枯渇したモチベーションを「上げる」こと、つまり自己啓発が求められる。内面があって外的な仕事がなされるのではなく、外的な仕事の要請に合わせて内面的なモチベーションがでっち上げられる。こうした状況では、もはや「天職人」であることはできない。『プロテスタンティズムの倫理と資本主義の精神』の末尾でウェーバーは次のように書いている。

　こうした文化発展の最後に現れる「末人たち」にとっては、次の言葉が真理となるのではなかろうか。「精神のない専門人、心情のない享楽人。この無《ニヒツ》のものは、人間性のかつて達したことのない段階にまですでに登りつめた、と自惚《うぬぼ》れるだろう」と（MWG I/18, S. 488.『プロ倫』三六六頁）。

ウェーバーが近代資本主義の未来にみたのは、こうした人たちだった。ここで「末人たち」（letzte Menschen）と訳されているのは、英訳すれば last men であり、そのまま訳せば「最後の人びと」である。ニーチェが『ツァラトゥストラはかく語りき』（一八八三～八五年）で、この表現を用いている。

資本主義経済の未来を、ウェーバーはアメリカでみてきた。『プロテスタンティズムの倫理と資本主義の精神』の前半を書き終えてから、彼は一三週間にわたりアメリカを旅している。この当時ハーヴァード大学で教えていた、ドイツ出身の哲学者・心理学者のヒューゴー・ミュンスターバーグ（一八六三～一九一六）によって、セントルイス万博に付随する学術会議に招待されたのが、アメリカに行くことになった直接的な理由であった。ただウェーバーはこの機会に、自分の目で合衆国をみた。ニューヨークから、バッファロー、ナイアガラの滝、シカゴ、セントルイス、オクラホマシティ、ニューオーリンズ、ワシントン、フィラデルフィア、ボストン、そしてまたニューヨークに戻るという旅程だった（MWG II/4, S. 624 に滞在地と日程がまとめられている）。ヨーロッパ知識人によるアメリカ論の比較研究であるクラウス・オッフェ（一九四〇〜）の『アメリカの省察』（二〇〇四年）でも指摘されていることであるが、ウェーバーのアメリカ旅行のルートは、『アメリカのデモクラシー』（一八三五／四〇年）を書いたアレクシ・ド・トクヴィル（一八〇五〜一八五九）が一八三一年から一八三二年にかけて旅したルートと重なるところも多い。

一九〇四年は、ヘンリー・フォード（一八六三〜一九四七）が自動車会社フォード・モーターを創業した翌年である。ウェーバーはこの機会にベルトコンベアーで肉が流れてくるシカゴの食肉工場を見学した。そして信仰のためではなく社会的信用を得るために有力な教派に入会するビジネスマンの例から、「プロテスタンティズムの教派と資本主義の精神」（一九〇六年）を書いている。ここでなされるアメリカのアソシエーションについての考察は、トクヴィルとも重なる。

ウェーバーの死後、一九二〇年代のアメリカは金融を中心にして、未曽有《みぞう》の好景気にわいた。狂騒の二〇年代である。富が富を産む。プロテスタンティズム的な倫理性はもうそこにはないし、必要でもないし、さらにいえば邪魔ですらある。第一次世界大戦後の価値観の崩壊と、経済的な好況下での空虚さのなかで、「失われたなにか」を求めて書かれたのが、スコット・フィッツジェラルド（一八九六〜一九四〇）の『グレート・ギャツビー』（一九二五年）であった。

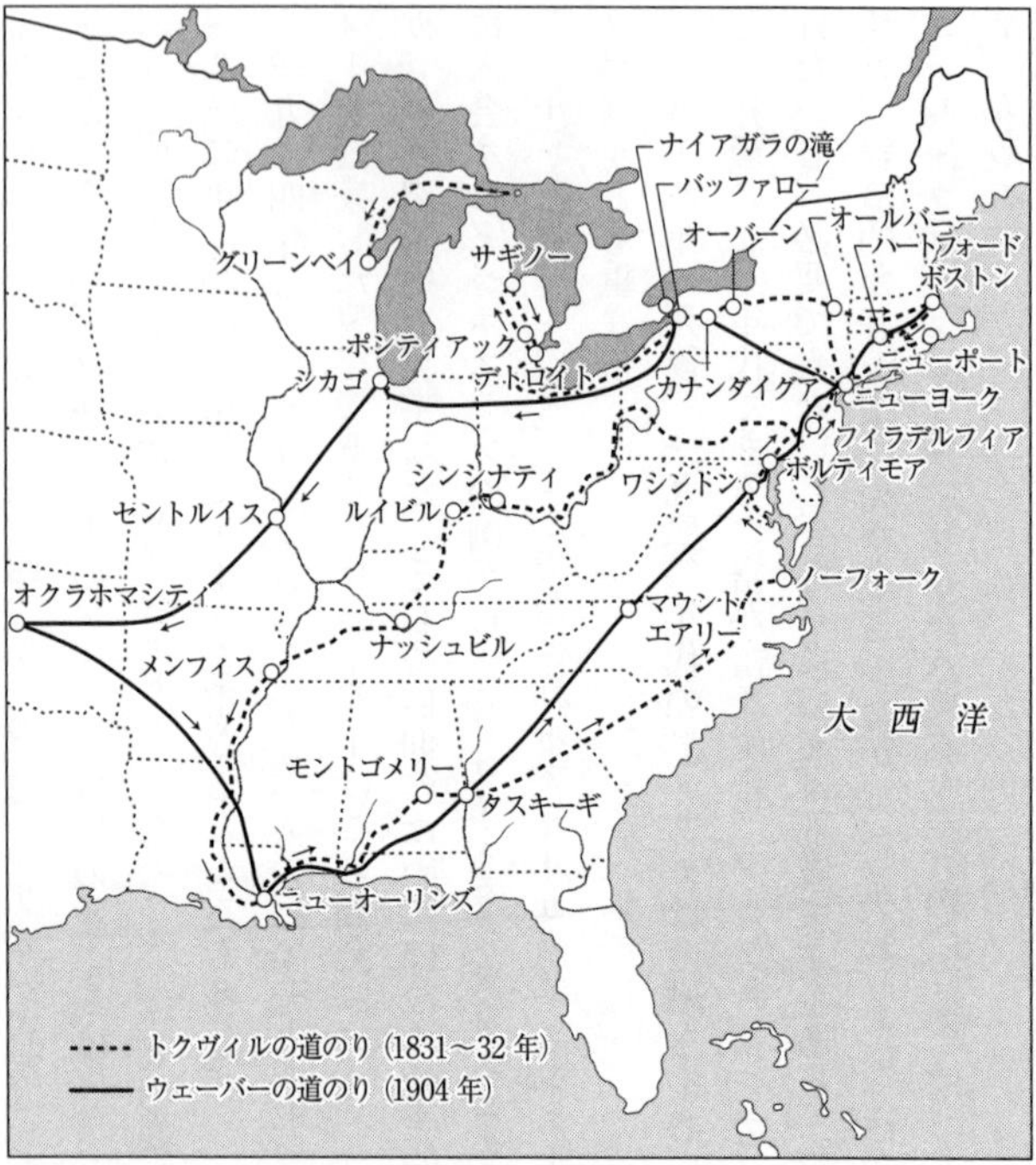
ナイアガラの滝
バッファロー
オーバーン
オールバニー
ハートフォード
ボストン
ニューポート
ニューヨーク
フィラデルフィア
ボルティモア
ワシントン
カナンダイグア
デトロイト
ポンティアック
サギノー
グリーンベイ
シカゴ
シンシナティ
ルイビル
セントルイス
オクラホマシティ
メンフィス
ナッシュビル
ノーフォーク
マウント
エアリー
大　西　洋
モントゴメリー
タスキーギ
ニューオーリンズ
トクヴィルの道のり（1831～32 年）
ウェーバーの道のり（1904 年）

アメリカのトクヴィルとウェーバー

主人公のジェイ・ギャッツビーは、若い頃、「スケジュール」を几帳面《きちょうめん》に書き出し、それを禁欲的に実行する人だった。

起床　午前六時
ダンベル体操と壁登り　午前六時十五分—六時三十分
電気などを勉強　午前七時十五分—八時十五分
仕事　午前八時三十分—午後四時三十分
野球などスポーツ　午後四時三十分—五時
演説の練習、風格を身につける　午後五時—六時
有用な発明について勉強する　午後七時—九時
(『グレート・ギャッツビー』三一一頁)

計画を立て、努力し、成功する。無駄のない日々のスケジュールは、ベンジャミン・フランクリンを想い起こさせる。実際、『自伝』に出てくるフランクリンの「時間表」と、ギャッツビーの「スケジュール」はとてもよく似ている(『フランクリン自伝』一四四頁)。

それでもやはり、フランクリンとギャッツビーの時代は異なっている。ギャッツビーが成功し、

財を築くことができたのは、彼の禁欲的な生活理念のおかげでもあったろう。しかし、それによって彼が手に入れようとした裕福な女性のデイジーが生きている世界は、きらびやかな消費社会であった。夜な夜な繰り広げられる豪華なパーティの行為規範は、勤勉や努力といったフランクリン的な道徳とは食い違う。ギャツビーがいかに憧憬を抱いたとしても、生真面目なギャツビーと気まぐれなデイジーは折り合うことはない。そして当然、前者の世界は後者の世界に負ける。

ウェーバーはもちろんフィッツジェラルドを読んでいないし、フィッツジェラルドもウェーバーを読んでいたわけではないだろう。しかし、ウェーバーが両親の相克から「二つの律法のはざま」を書いたように、フィッツジェラルドもギャツビーとデイジーに託して相克する二つのビジョンの物語を書く。そして高度化する資本主義社会における空虚さに目を向けながら、かつての理想の喪失を語ろうとするとき、この二人の眼差《まなざ》しは交差する。

第四章　戦争と革命
――暴力装置とプロパガンダと「官僚の独裁」

ヨーロッパのアメリカ化が云々されたのとすくなくとも同じテンポで、戦争はアメリカのヨーロッパ化をもたらすでしょう。近代デモクラシーが大規模国家のデモクラシーであるところでは、どこでもそれは官僚制化されたデモクラシーになります。また、そうならざるをえません。〔…〕長年にわたる専門的訓練、不断に進展してやまぬ専門分化、およびそのように教育された専門官僚群による管理の必要という事実は、社会主義といえども考慮に入れなければならない第一の事実なのです。

MWG I/15, S. 606-607.『社会主義』三六頁

関連年表

1867	マルクス『資本論』第1巻
1890	社会主義者鎮圧法が、ビスマルクの退陣によって失効する
1905	1月22日 血の日曜日事件、第一次ロシア革命
1910	アルフレート・ウェーバー「官僚」
1911	ミヘルス『現代民主主義における政党の社会学』
1912	ドイツ社会民主党、帝国議会で第一党に
1914	アスコナで療養
	7月 第一次世界大戦勃発
	ハイデルベルクの陸軍野戦病院に勤務
	カフカ『流刑地にて』執筆（出版は1919年）
1915	弟カール戦死
	「中間考察」
1916	「二つの律法のはざま」
1917	4月6日 アメリカ第一次世界大戦に参戦
	11月7日 第二次ロシア革命（十月革命）
1918	夏学期ウィーン大学で教える。カフェ「ラントマン」でシュンペーターと論争
	11月3日 キール軍港での水兵の反乱、ドイツ革命
	11月12日 オーストリア第一共和国成立
1919	6月28日 ヴェルサイユ条約調印
	ケインズ『平和の経済的帰結』
1921	ロールズ生まれる
1922	新聞王ノースクリフ卿死去
	リップマン『世論』
1930	ウィーンの集合住宅カール・マルクス・ホーフ完成
1933	ヴァルター・ベンヤミン「経験と貧困」
1938	ヴァージニア・ウルフ『三ギニー』

ロシア革命論

一九〇五年は、ウェーバーが「プロテスタンティズムの倫理と資本主義の精神」の後半をジャーナルに発表した年であるが、同時に、「血の日曜日事件」を契機にロシアで第一次革命が起きた年でもあった。ウェーバーはロシアから新聞を取り寄せ、急遽《きゅうきょ》、ロシア語を勉強して、のちに『ロシア革命論』としてまとめられることになるいくつかの論文を書く。

カール・マルクス（一八一八～一八八三）は大学を卒業後、「ライン新聞」に勤務していたが、ウェーバーは職業としてジャーナリストだったことはない。しかしそれでもジャーナリズムおよびジャーナリストへの関心はとても高かった。結局は実現しなかったが、「プレス（新聞・雑誌）の社会学」も研究予定に入っていた。

自由を求めるロシアの人民の動向に、基本的には共感を寄せつつ、「ロシアにおける市民的民主主義の状態について」でウェーバーは次のように書いている。

私たちの経済発展の「不可避の帰結」である高度資本主義に、「デモクラシー」との選択的親和性、ましてや（なんらかの意味での）「自由」との選択的親和性を読み込むとすれば、まったくのお笑い種《ぐさ》です。〔…〕羊の群れのように支配されはしない、という決然たる国民の意志が継続的に存在するところでしか、実際に「デモクラシー」も「自由」もありえない。私たち「個人主義者」にして、「デモクラシー」の制度の擁護者は、物質的なコンステレーション〔状況配置〕の「流れに抗して」ここにいるのです（MWG I/10, S. 270.『ロシア革命論』1、一三五頁）。

第二次世界大戦後にアメリカを中心に展開された近代化論では、資本主義とデモクラシーと自由は一つのセットとして論じられた。ウェーバーは近代化論でも、よく参照された。しかしながら、ウェーバー自身は資本主義・デモクラシー・自由を連続的には考えてはいなかった。彼は『プロテスタンティズムの倫理と資本主義の精神』で資本主義の未来に対して悲観的な展望を語ったが、ロシアに関しても、資本主義とデモクラシーと自由の不一致や葛藤に目を向けている。そして考えてみれば、こうした不一致や葛藤は現代においても、それどころかむしろ現代においてこそ、真剣に受けとめられなければならなくなっている。

ベルリンの壁崩壊後、ポスト共産主義の体制では、ハンガリーのヴィクトル・オルバン

（一九六三～）政権などのように、権威主義に向かう傾向がみられる。「デモクラシーはリベラルである必要はない、と私たちはいう必要がある。なにかがリベラルでないというまさにそれゆえに、デモクラシーはまだデモクラシーでありえている」とオルバンは公言している。資本主義と権威主義の間に、一定の相性のよさがあるようにもみえる。この結合を避けようとするならば、「流れに抗する」必要がある、とウェーバーは考えていた。

第一次世界大戦とナショナリズム

一九一四年三月末から四月にかけて、ウェーバーは療養のためにスイスのアスコナにいた。前年の春に引き続いての滞在だった。二〇世紀初頭のアスコナの丘「モンテ・ヴェリタ」には、『車輪の下』のヘルマン・ヘッセ（一八七七～一九六二）、画家のパウル・クレー（一八七九～一九四〇）、神秘思想家で、「シュタイナー教育」でも知られるルドルフ・シュタイナー（一八六一～一九二五）、『我と汝《なんじ》』の著者マルティン・ブーバー（一八七八～一九六五）など、実にいろいろな人が集っていた。

ウェーバーは三週間ほどアスコナに滞在したのち、ハイデルベルクに戻って、四月二一日に誕生日を迎えた。大学に復帰することなく、彼は五〇歳になった。

この年、第一次世界大戦が勃発する。八月一日にドイツがロシアに宣戦布告すると、ウェーバーは翌日には自ら志願して、ハイデルベルクの陸軍野戦病院で働き始めた。戦争は愛国心を高揚させる。『ゲマインシャフトとゲゼルシャフト』（一八八七年）の著者として知られるフェルディナント・テニエスに宛てた、一九一四年一〇月一五日付の書簡で、ウェーバーは次のように書いている。

あらゆるゾッとすることにもかかわらず、この戦争は偉大で、素晴らしい。この戦争は体験する価値がある。その場にいることができれば、もっと価値があったであろう。しかし残念ながら戦場で私は必要とされていない。戦争が時機を失しないで（二五年前に）行われていたら、そうしていたであろうに（MWG II/8, S. 799.）。

この当時、ユダヤ人の哲学者で、『貨幣の哲学』（一九〇〇年）などで知られるゲオルク・ジンメルさえも、『戦争の哲学』を書き、この戦争を肯定している。しかしウェーバーの高揚感はそうしたレベルではない。

マックス・ウェーバーの政治理論におけるドイツ・ナショナリズムは、一時的なものではない。筋金入りである。すでに言及したフライブルク大学での教授就任講演「国民国家と経済政策」からこの時点まで、この傾向は連続して認められる。ウェーバーの弟子を自認する恩師のカール・ヤスパースに遠慮しつつ、ハンナ・アーレントはウェーバーに対してほぼ一貫して否定的な態度をとっている。少なくともその理由の一つは、ドイツ・ナショナリズムへの彼の強いコミットメントのせいである。

とはいえ、もう少し若ければ、志願して最前線で戦闘に参加しかねないほどのウェーバーのナショナリスティックな感情は、敗戦とドイツ革命のなかで問い直されていく。敵が明確で、戦い方がほぼ決まっているような場合、ナショナリズムは比較的わかりやすい形をとる。しかし、「なにが愛国か」をめぐって争いが起こり、対立する立場がそれぞれ「愛国」を語るような局面になると、ナショナリズムという概念では問題が摑めなくなる。Uボート（潜水艦）作戦を強化することが愛国なのか、それともアメリカの参戦を招きかねない潜水艦作戦は控えるべきだと主張するのが愛国なのか。ドイツ皇帝ヴィルヘルム二世（一八五九～一九四一）を支えるのが愛国なのか、退位を求めるのが愛国なのか。あるいは社会主義革命にコミットするのが愛国なのか、革命を阻止することが愛国なのか。当時ドイツ人が直面したこれらの問題は、ナショナリズムというパッケージでは扱いが難しい。もちろん実際には、共産主義者とユダヤ人を「敵」とみなす「ナショナリスト」が台頭することになるが、これはウェーバーの立場と同じではない。

ウェーバーの思考が最も凝縮して書かれている文章に、「中間考察」がある。一九一五年一二月に発表されたこの論文は、彼の一連の宗教社会学研究において中国論である「儒教と道教」とインド論である「ヒンドゥー教と仏教」を繋《つな》ぐ部分に置かれている。「中間」というからには最終的な結論ではないので、あくまで二次的な文章だと思われるかもしれない。しかし、そうした解釈は最終的になんらかの「結論」が出る、という前提のもとで、はじめて可能になる。そもそも近代人の人生が最終的な達成に至ることなく、つねに暫定的な「インテルメッツォ」でしかありえないとすれば、「中間考察」こそが最も重要ということにもなる。この「中間考察」で、ウェーバーは次のように書いている。

戦争は、ほかならぬ近代的な政治共同体の内部に、ある種のパトスないしは共同体感情を生みだし、それによって、戦士たちのうちに献身と無条件的な犠牲への共同感情を呼び起こすばかりでなく〔…〕諸団体のあらゆる障壁を突き破るような愛の働きをさえ、大量現象として出現させる（MWG I/19, S. 492.『宗教社会学論選』一二〇頁）。

戦争が宗教的ともいえるほどの紐帯を生み出し、ナショナリズムが聖化される様を、ウェーバー自身も目撃し、またそれに心を動かされたことだろう。しかしウェーバーは救済宗教の視角から、そうした営みを相対化してもいる。「戦場における死を現世内的に聖化することは同胞殺戮《さつりく》を美化するだけ」（MWG I/19, S. 493.『宗教社会学論選』一二一頁）ではないか、というのである。こうした問題構成は、一六年二月の「二つの律法のはざま」でも展開されることになる。そしてこの論点は、信条倫理と責任倫理の問題につながるが、それについては第六章であらためて取り上げたい。

ベンヤミン「経験の貧困」

第一次世界大戦でのドイツの敗北は、帝政にピリオドを打った。しかし壊れたのは、狭義の政治レジームだけではない。社会で共有されてきた価値がより深いところで動揺した。戦争で前線に赴き、帰還した若い兵士の世代について、ヴァルター・ベンヤミン（一八九二～一九四〇）は「経験と貧困」（一九三三年）で次のように書いている。

ヴァルター・ベンヤミン

当時私たちは、戦場から帰還してくる兵士らが押し黙ったままであることを、はっきりと確認できたのではなかったか？　伝達可能な経験が豊かになって、ではなく、それがいっそう乏しくなって、彼らは帰ってきたのだった。その一〇年後に、戦記物の洪水のなかでぶちまけられたものは、口から耳へと流れてゆく経験とはおよそ違ったものだった。そうなのだ、不思議なことでは、それは決してなかった。というのも、あの戦争にまつわる出来事においてほど徹底的に、経験というものの虚偽が暴かれたことはなかったのだ(『ベンヤミン・コレクション2』三七三頁)。

ベンヤミンはここで、ある社会のなかで語り継がれ、継承されてきた「経験」(Erfahrung)と、そうした安定的に共有された規範が壊れ、断片的になった「体験」(Erlebnis)を区別する。そのうえで、戦争から帰還した人たちは、引き継いできた伝達可能な「経験」を失い、「体験」にすがるしかなくなり、それゆえ社会はますます断片化しているという。

第一次世界大戦を経ることで「体験」がもつ意味が高まったという点については、ウェーバーも講演「仕事としての学問」で論じている。体験をした人が「個性をもった人」とみなされる。したがってセンセーショナルな体験をすればするほど、その人は「ホンモノ」として評価される(MWG I/17, S. 84.『仕事』三六頁)。〈自分はすごい体験をした。修羅場をくぐってきた。だから自分にはわかる。そしてお前にはわからない〉。こうした論理はまったく論証になっていないが、常識が崩壊し、みなが確信をもてずにいるときには、「体験」を根拠にした断定調の語りはそのぶん説得力をもってくる。基準がこうした意味での「体験」になれば、体験は人種主義的排外主義にも、急進的なコミュニズムにも結びつきうるし、実際結びつくことになる。

表現主義と暴力

共有され、伝承されてきた価値が不確かになっていく。それにつれて個人の内面における「体験」が前面に出てくる。こうした傾向は、この時代の表現主義において顕著になる。印象派が外の世界からの印象（impression）を基礎にするのに対して、表現主義はアーティストの内面の表現・表出（expression）に重心を移す。

ウェーバーがある特定の表現主義の画家に言及することはない。それどころか、同時代の芸術作品をかつてのように「記念碑的」ではありえない、ガラクタだというとき（MWG I/17, S. 110.『仕事』八五頁）、その矛先は表現主義の作品にも向けられていたと考えるのが自然であろう。それでも、ワシリー・カンディンスキー（一八六六〜一九四四年）、エミール・ノルデ（一八六七〜一九五六年）、エルンスト・キルヒナー（一八八〇〜一九三八年）らは一八六四年生まれのウェーバーとほぼ同世代である。表現主義のアーティストが一九一〇年代に目にしたり、感じたりしたことは、ウェーバーの感覚と重ならないわけがない。

もちろん写実主義に対して観る人の感覚を強調するのは、印象派も同じである。クロード・モネ（一八四〇～一九二六）の「印象・日の出」（一八七二年）は光の見え方を描くことによって観る人の印象を表現しようとする。しかし、どんなに主観的な感覚が強調されたとしても、多くの場合、印象派の絵には安心感がある。感覚によって世界はいろいろな見え方をするとしても、世界そのものが混沌としたカオスであり無秩序であるということは、基本的に想定されていない。逆にいえば、表現主義が出てくるのは、秩序に対する一定の信頼が失なわれ、人びとのあいだで「同じ一つの世界」を共有することが難しくなり、このため自分の内なる「体験」を世界に対して押し付けるしかなくなるからである。

ウェーバーもこの点においてはそれほど変わらない。「われわれが特定の、あるいは、およそなんらかの「文化」を価値があると見ることにではなく、われわれが、世界にたいして意識的に態度を決め、それに意味を与える能力と意思とをそなえた文化人である」ことを、彼は「文化科学の先験的前提」（MWG I/7, S. 188-189.『社会科学と社会政策にかかわる認識の「客観性」』九三頁）だという。

表現主義の絵画を観て、不安な、心もとない気持ちになるのは、この意味では当然である。美術館で順路を間違えて表現主義のあとに印象派を観ると、なにか微温的だと感じることになる。

まさにこの時代、政治においても似たようなことが起こってくる。共有された同じ一つの世界がもはや成り立たなくなる。アリストテレス（前三八四～前三二二）が人間を「ゾーン・ポリティコン」と呼んだとき、彼はロゴス（理性、ことば）によって形成されてきたポリス（都市国家）という公共空間を想定することができた。当時のアテネがいかに危機の時代にあったとはいえ、彼は少なくともそうした理想を語ることができた。しかし、ウェーバーが政治を論じる時代には、こうした前提は崩壊してしまっている。人びとが「経験」をすり減らし、「体験」を前に出す状況で、政治においては暴力が前面に出てくる。さまざまな人たちが自分の「体験」を押し付け合うとき、それにもかかわらず、一定の秩序を可能にするためには、異論や反対を押さえつけるゲバルト（暴力）が決定的になる。

ウェーバーはアリストテレス的な伝統に反して、「国家とは、ある一定の領域〔…〕のなかで、レジティマシーを有する物理的な暴力行使の独占を要求する（そして、それを実行する）人間の共同体である」（MWG I/17, S. 158-159.『仕事』九三頁）と述べ、「物理的な暴力行使」に力点を置く。もちろん、反対や抵抗を押さえつける暴力行使だけでは、国家は成り立たない。国家が成り立つためには、暴力を承認し、少なくとも黙認する根拠となるレジティマシー（正統性／正当性）が必要であるし、ウェーバーもそれについて考えている。しかし、近代国家、とくに第一次世界大戦勃発後の世界においては、「物理的な暴力行使」の独占に決定的な意味が与えられる。

いまの日本にいるとあまりに自明なことかもしれないが、国家による「物理的な暴力行使」の独占は、この当時、当たり前のことではなかった。一九一九年一月、ドイツ社会民主党がブルジョワ政党と連立政権の形成に向かうなかで、これに反発する左派を押さえつけたのは、グスタフ・ノスケ（一八六八〜一九四六）によって組織された義勇軍だった。カール・リープクネヒト（一八七一〜一九一九）とローザ・ルクセンブルク（一八七一〜一九一九）も、この組織によって殺害された。義勇軍はまさに「暴力」装置であった。それは失業者などによって構成され、レジティマシーを欠いていた。

ウェーバーの死後の話になるが、ナチ党は親衛隊（SS）や突撃隊（SA）という準軍事組織を整備、ドイツ共産党も市街戦に備えて赤色戦線戦士同盟（RFB）を創設する。ウェーバーの政治の定義があまりに暴力的なものであるのは事実であるが、この定義にはこうした時代状況が反映されている。

ドイツ革命の時代から五〇年後、現地で「プラハの春」を目の当たりにした加藤周一（一九一九〜二〇〇八）は、「言葉と戦車」を書き、次のように述べている。「一九六八年の夏、小雨に濡《ぬ》れたプラハの街頭に相対していたのは、圧倒的で無力な戦車と、無力で圧倒的な言葉であった」（『言葉と戦車を見すえて』二三三頁）。戦車はレジティマシーを生み出しはしない。それには言葉が必要である。しかしそれでも、近代国家の背後には「戦車」がある。

ウェーバーが政治を語るとき、彼はいつも「戦車」の契機を強調する。そして彼が政治家に対して、結果に対する責任、目測、距離のパトス、あるいは「不毛な興奮」の排除を求めるのも、そうした観点からだった。政治家は緊急事態に対応して不可避的に暴力や強制力を扱わざるをえないので、その「仕事」には特別な責任や資質が要求されるというのである。

暴力をめぐるロールズとアーレント

今日、政治理論を学ぶ人の多くは、まずはジョン・ロールズ（一九二一～二〇〇二）から入る。彼の『正義論』（一九七一年）は、リベラリズムの思想を刷新し、規範的政治理論を復権させた。そしてそれと同時に、彼の理論への反発は、マイケル・サンデル（一九五三～）などの共同体主義（コミュニタリアニズム）やロバート・ノージック（一九三八～二〇〇二）らのリバタリアニズム、そしてリチャード・ローティ（一九三一～二〇〇七）の反基

ジョン・ロールズ

礎づけ主義などの展開を促すことになった。

ロールズの功績は、あくまでも権力や暴力への視座を保持しようとするウェーバー的な政治学を時代遅れなものにした。もちろんロールズが暴力について考えていなかった、ということではない。彼は太平洋戦争中、兵士としてニューギニア、フィリピンを転戦した経験をもつ。そして原爆投下後の広島の惨状も、実際に目にしている。さらにいえば、『正義論』を執筆した時期のアメリカは、まさにベトナム戦争の只中《ただなか》にあり、そうした情況への関心が彼になかったと考えることはあまりに不自然である。しかし、ロールズは規範理論としての正義論の構築に心血を注ぎ込むことで、権力の問題を欠落させた。レイモンド・ゴイス（一九四六〜）など、ロールズの政治理論における「政治」の欠如を問題にする論者は、このことを指摘することで、忘れ去られつつあったマックス・ウェーバーの政治理論に言及することになる。

もちろんロールズ・サイドからすれば、理想状態における規範を論じなければ、非理想的な状態での行為についても論じられない、ということになるであろう。現実の政治が、残酷な暴力やゲスな党派争いにまみれていたとしても、そうした「現実」から出発してしまったのでは、そうした「現実」を問題にし、批判する基準を失ってしまう。

逆にウェーバー・サイドからすれば、政治の問題は暴力に尽きるわけではなく、ウェーバーはレジティマシーについて何度も議論している、という反論がなされることになる。しかしそれでも、さまざまな政治理論をマッピングしようとすると、ウェーバーとロールズはやはり両極に位置づけられる。ウェーバーは基本的に「正義とはなにか」を主題化して問おうとはしない。正義について論じても、彼が関心を寄せるのは、正義をめぐるコンフリクトに対してである。形式合理性と実質合理性の対立は論じるが、それに対する一義的な解答を出すことはない。これに対してロールズの著作では、権力（power）が主題化されることはない。たしかに『政治的リベラリズム』（一九九三年）でロールズは、さまざまな価値が理に適《かな》う仕方で対立することを確認する。しかしそうした認識から権力と権力行使をめぐる理論を展開するわけではない。

ハンナ・アーレント

政治における暴力の契機を押し出すウェーバーの議論に、最も厳しい批判をしたのが、ハンナ・アーレントだった。政治的権力を暴力に還元するウェーバー的な思考に対して彼女は次のように指摘する。

現在用いられている用語法が「権力

〔power〕」、「力〔strength〕」、「強制力〔force〕」、「権威〔authority〕」、そして最後に「暴力〔violence〕」のような重要な語をきちんと識別していないことは、政治学のかなり嘆かわしい現状を反映しているように思われる（『暴力について』一三二頁）。

アーレントは他者と一致して行為する（act in concert）ところで生じるのがパワーであり、それは暴力とは異なるというだけでなく、むしろ暴力の対極にあるという。人びとが一致して抵抗することで、暴力装置に支えられた盤石の体制が、あっけなく崩壊することがある。いわゆる東欧革命がそれだった。ウェーバーは官僚制的な組織はひとたび形成されると、ほぼ永遠に作動し続けると述べた。しかし、強力な軍隊と官僚組織を兼ね備えた社会主義体制は、少なくとも「永続的」ではなかった。それでも、きわめて稀《まれ》な僥倖に恵まれないかぎり、圧倒的な暴力を覆すことは容易ではない。ウェーバーはこのことを見据えて、政治における暴力の契機を強調した。アーレントの権力論は、こうしたリアリズムに屈服せず、これを見事に転倒させる。

アーレントだけでなく、ウェーバー以後、多くの政治理論家が暴力を中心に据える彼の理論を批判してきた。なかでもフェミニズムの理論家がこうした立場を明確にしているのは偶然ではない。ウェーバーは「悪に対して力をもって対抗する」ことを「男子の尊厳」（MWG

I/17, S. 100.『仕事』六七頁）と呼んでいる。ヴァージニア・ウルフの『三ギニー』（一九三八年）など、フェミニズムの論者が最も問題にするのは、この論理だった。

プロパガンダとリップマン『世論』

第一次世界大戦は、それ以前の戦争とは、質的にまったく異なるといわれる。その一つの理由はメディア、とりわけプロパガンダの発展であろう。

イギリスの大衆紙『デイリー・メール』を創刊したノースクリフ卿《きょう》（一八六五～一九二二）は、『ロンドン・タイムズ』を買収し、新聞の発行部数を飛躍的に増やして、政治的にも大きな影響力をもった。彼はドイツに敵対的な世論をリードすることで、新聞の部数を伸ばした。あるいは新聞を売るために、対ドイツの扇動記事を掲載し、炎上させた。もちろん、どちらが目的でどちらが手段なのかは明らかではないし、戦争とメディアの共犯関係において主従関係はさして重要ではないであろう。いずれにしてもノースクリフはこの共犯的構造の中心にいた。ウェーバーも彼のことを「資本主義的な新聞王」（MWG I/17, S. 193.『仕事』一四〇頁）と呼んでいる。

ヴェルサイユ条約で、ドイツは多額の賠償金を背負わされることになる。メディアによって煽《あお》られた世論は、そうでもしないとおさまらなかった。支払い困難なまでに膨大な賠償金は、経済学者のジョン・メイナード・ケインズ（一八八三〜一九四六）によっても厳しく批判される。彼はパリ講和会議に、イギリス財務省の代表として参加していた。そして、この条件がいかに不条理であるかを経済学者として主張したが、ほとんど聞き入れられなかった。その年、彼は『平和の経済的帰結』で、この会議について書き遺《のこ》している。そしてまたこの多額の賠償への不満はワイマール共和国時代のドイツ国内で燻《くすぶ》り、ナチズムの台頭の一因になったことも、よく知られている。

プロパガンダについては、アメリカのウッドロウ・ウィルソン大統領（一八五六〜一九二四）にも言及しなければならないだろう。一九一六年一一月、彼は大統領選挙で再選される。そのときの彼の選挙スローガンは「彼は私たちを戦争に巻き込まなかった」（"He kept us out of war"）だった。ところが、翌年の四月には方針を一転させて、彼は対ドイツ参戦に踏み切る。そして一九一八年一月に、議会で「一四カ条の平和原則」を出す。こうした短期間での転換には、世論に対する働きかけがあった。ウィルソンは「クリール委員会」（政府主導の宣伝委員会）によって、世論を熱狂的な参戦へと誘導した。

「一四カ条の平和原則」の原案を執筆し、情報担当陸軍大尉として宣伝ビラの作成などにかかわったのが、ウォルター・リップマン（一八八九〜一九七四）だった。彼はパリ講和会議アメリカ代表団にも随行したが、除隊後、一九二二年に『世論』を書く。ステレオタイプ

（紋切り型）という用語をキーワードとして用いたことで知られるメディア論の古典は、プロパガンダに加担した彼自身の経験をもとに書かれている。

報道は「ありのままの事実」を伝えるのが仕事だといわれることがある。しかしリップマンはこの現実の「模写」理論を否定する。「ありのまま」を伝えようとしても、目に映るのは混沌としたカオスに過ぎない。「われわれはたいていの場合、見てから定義しないで、定義してから見る」（『世論』上、一一一頁）と彼はいう。ステレオタイプというと、なにか偏った見方を指すものと思われがちである。しかし、まったく偏りのない見方などない。こうした認識において、リップマンはウェーバーととても似ている。すでに、方法論に関連して述べたように、すべての価値から解放された客観性はありえない、というのが、ウェーバーの「価値自由」論の基本である。

しかし、そうすると、さまざまなステレオタイプの乱立が、社会を混乱に陥れるのではないか、という危惧が生じる。ウェーバーであれば、諸価値についての「神々の闘争」という表現を使うであろう。これに対するリップマンの答えは、エリート主義的なジャーナリストがステレオタイプの管理をうまく行う、というものであった。彼は次のように書いている。

つねにステレオタイプを整理し、標準化し、改良して政治経済の法則とか政治原理などの名で知られる論理的体系にする作業に携わる者が、比較的少数であれ、もし各世代の中にいなければ、大方のわれわれはかなり偶発的で変動の多いステレオタイプの組み合せを通じて物事と関わり合うことになるだろう（『世論』上、一四三頁）。

リップマンは『世論』の冒頭で、プラトンの「洞窟の比喩」を引用している。この引用は、彼のジャーナリスト観をよく表現している。プラトンの哲人王がそうするように、優秀なジャーナリストが群衆を導く、という理解である。ウェーバーも学問の意義について論じる文脈で「洞窟の比喩」に言及するが、彼はもちろん哲人王的な学問理解を斥ける。「ありのまま」の現実を模写するという認識論を否定する点では共通するウェーバーとリップマンであるが、知者が知を根拠にして政治的なリーダーシップをとるべきだ、という見解をめぐっては対立する。

フランクフルト学派とプロパガンダ

プロパガンダといえば、アドルフ・ヒトラー（一八八九～一九四五）やナチズムのことを想起する人が多いかもしれないし、それには十分な理由がある。しかし、その問題の根はさらに深いところにある。この点において、ナチと戦った側にも罪がないわけではない。

第一次世界大戦におけるリップマンの広報の成功が私たちに突きつけたのは、ナチズムや独裁者がプロパガンダを用いるというのではなく、デモクラシーの名のもとに、デモクラシーのためのプロパガンダが行われることもありうるという事実だった。

第二次世界大戦中、フランクフルト学派のマックス・ホルクハイマー（一八九五～一九七三）とテオドール・アドルノ（一九〇三～一九六九）は亡命先のアメリカで『啓蒙の弁証法』を書く（出版は一九四七年）。彼らはナチと戦うアメリカを擁護するが、しかしそのアメリカにも同根の問題をみる。このためこの本はどうしても難解になる。『啓蒙の弁証法』の最後には「手記と草案」が付されている。その番号二三は「プロパガンダ」と名付けられている。

たとえ内容そのものが正しくても、プロパガンダをつうじて指導する者とされる者とがそこで相会する共同体は、嘘《うそ》の共同体である。真理でさえも、プロパガンダにしてみれば、支持者を獲得するという目的のためのたんなる手段となる。〔…〕疑わしいのは現実を地獄として描くことではない、そこからの脱出を勧めるありきたりの誘いが疑わしいのである（『啓蒙の弁証法』五二五～五二六頁）。

ホルクハイマーとアドルノは、「合理化の過程が新たな野蛮を生む」という。ここにはウェーバーの議論の一つの暗い側面が、彼ら独自の仕方で、より先鋭的に表現されている。

ドイツ社会民主党と寡頭制

ウェーバーは「私たちの時代」を特徴づけるときに「合理化」という用語を使う。そしてその過程を「知性主義化」と言い換えている箇所もある。このとき彼は一定のロジックに従って物事が展開する、ある種の進化論的なプロセスを想定している。ただし、彼の理論の特徴は、そうした合理化が単線的ではない、という点にある。複数の合理化がありうる。したがってある観点から進められる合理化が、別の非合理を生み出すことがある。本章、冒頭で引用した『ロシア革命論』でも、この点が強調されている。こうした認識を、ウェーバーはさまざまなトピックで示すことになる。

マックス・ウェーバーが、ロベルト・ミヘルス（一八七六〜一九三六）の『現代民主主義における政党の社会学——集団活動の寡頭制的傾向についての研究』を激烈に称賛したのも、こうした視角からだった。ミヘルスはケルン大聖堂で有名な、ライン川沿いにあるケルンの裕福な商人の家に生まれたが、格差や貧困などの社会的矛盾に疑問をもち、ドイツ社会民主党に入党して活動を始める。ビスマルクによって制定された社会主義者鎮圧法が、彼の退陣とともに一八九〇年に失効した。この年、ドイツ社会主義労働者党という党名は、現在まで続くことになるドイツ社会民主党（ＳＰＤ）に変更された。一八九一年にマルクス主義にもとづくエアフルト綱領を採択し、この政党は急激に支持者を増やしていく。現在のドイツにおけるＳＰＤは、保守政党と大連立を組むなど、体制内にしっかり組み込まれた伝統的な政党になっている。そしてとりわけ冷戦の終焉《しゅうえん》後から、慢性的な党員減に悩まされている。しかし、当時はまるで事情が異なっていた。この政党は党員、そして帝国議会での議席を急速に増やしていく。ただし、社会主義運動にコミットすることは、大学への就職をほぼ諦めることを意味した。犠牲は小さくなかった。しかしそれでも正義感の強いミヘルスは一九〇二年に入党した。

社会民主党は急激に組織を拡大し、一九一二年の帝国議会選挙では三四・八パーセントの得票率で、第一党になった。ところが、ミヘルスはこの成功の影の部分に気づいてしまう。社会的平等や民主化を掲げているまさにこのＳＰＤにおいて、党勢が拡大するとともに、組織が官僚制化し、一部の幹部党員による非民主的な傾向が進んでいく。ミヘルスはこの傾向を「寡頭制の鉄則」と呼ぶ。

一九〇六年、ウェーバーが編集に加わっていた雑誌『社会科学・社会政策雑誌』にミヘルスの最初の論文が掲載されて以来、ウェーバーはミヘルスの仕事にとても強い関心を向け続けた。ウェーバーは生涯にとてもたくさんの手紙を書いており、マックス・ウェーバー全集にも大量の書簡が収録されている。しかし、そのウェーバーにしても例外的なまでに多くの書簡がミヘルス宛に書かれている。一九〇六年から一九一八年にかけてウェーバーがミヘルスに書いた手紙は一二〇通におよぶ。

ミヘルスの仕事は一九一一年の『現代民主主義における政党の社会学』に結実する。ドイツ社会民主党研究としても、近代的な政党組織研究としても、基本文献となるこの本の第一版は、マックス・ウェーバーに捧《ささ》げられた（改訂版では、この献呈は削除されている）。

近代的な政党組織

政治的な党派はもちろん、二〇世紀になってはじめて登場したわけではない。ニッコロ・マキァヴェッリ（一四六九〜一五二七）は「フィレンツェでは、最初は貴族内部で対立が生まれ、ついで貴族と平民が対立し、最後に平民と下層民が対立した。対立する二つの集団のうち一つが勝ち残り、それが二つに分裂する、ということが何度も起きた」（『フィレンツェ史』上、一九頁）と書いている。貴族内部で抗争する教皇党（ゲルフ）と皇帝党（ギベリン）をウェーバーは「貴族政党」と呼ぶ。こうした政党のアクターはあくまで一部の特権的な階級に限定されていた。

ブルジョワ階級が台頭するなかで、「名望家政党」が出てくる。イギリスのジェントルマンなどがこの類型の政党を構成する。ただし、この類型の政党も「純粋に個人的なフォロワー」の集まりという性格を保持している点では「貴族政党」と連続していて、基本的にそれぞれの地域における「ローカルな政治クラブ」であった。

これに対して、選挙権の拡大にともなって生まれてきた「大衆デモクラシー」における政党は、これらとはまったくことなる性格をもつ。以前のように顔見知りの一部の「プロ」による派閥争いではなく、有権者の票を求めて競争する「集票マシーン」としての性格が前面に出てくることになるからである。

大規模な工場の経営者が労働者を有効に配置し、規律化し、アウトプットを高めるように、アメリカの選挙ブローカー（「ボス」）やイギリスの「選挙事務長」はとにかく得票の最大化を目指して、組織化を進める。ウェーバーはこのようにして組織化が進んだ政党組織を指して、「マシーン」という表現を用いる。「道具」という語が、ある主体によって特定の目的のために使われるものだとすれば、「マシーン」は主体の意志や動機とは関係なく、所定の目的を自動的に実現していく、という含意をもつ。この場合、人間がマシーンを使うというよりも、むしろマシーンが人間のあり方を決める。候補者がマシーンを使うというのではなく、どちらかといえば、マシーンが自己保存のために勝てる候補を探し出し、売り出していく。

政党という言葉は同じでも、このような集票マシーンとなった政党は、昔のような「貴族政党」や「名望家政党」とはまるで異なる。ウェーバーはこの類型を「近代的政党組織」と呼ぶ。ミヘルスが「寡頭制の鉄則」が貫徹しているとしたドイツ社会民主党は、ウェーバーの類型でいう「近代的政党組織」のまさに典型だった。ウェーバーが「近代的政党」を語るとき、彼はいつもドイツ社会民主党のことを考えていた。

集票マシーンについて論じるとき、ウェーバーがドイツ社会民主党とともに取り上げるのが、アメリカのタマニー協会だった。タマニー協会は、伝説のインディアンの名前をとって、一七八九年に設立された団体で、一九三〇年代までニューヨーク市政に大きな影響力をもった。毎年、大量に流入する移民の生活の面倒をみると同時に、タマニー協会はこうした移民を選挙人登録し、民主党への集票に結びつけた。タマニー協会の支持がなくては、だれも選挙で当選できない。彼らは福祉政策を後押しすることにもなるが、利権と腐敗の構造も形作ることになった。タマニー協会の代表的な「ボス」だったウィリアム・M・トゥイード(一八二三〜一八七八)には政治腐敗の汚名が付いて回った。

優れた政策を提案し、それが支持されて、選挙に当選する、という論理が崩壊する。優秀なマシーンさえもっていれば、どんなに政策が貧弱で、候補者がダメでも、票を積み上げ、当選者を増やし、政治的影響力をもつことができてしまう。政治家がいてマシーンを使いこなす、というよりは、マシーンの論理が使命感をもって登場してくる若い政治家を押し殺す。

勝てるとなれば、その理念に共鳴しているわけでもないフォロワーが利権を求めて押し寄せ、そうしたフォロワーがマシーンをさらに強化する。

社会主義と「官僚の独裁」

一九一七年四月のアメリカの第一次世界大戦参戦からおよそ半年後の一一月、第二次ロシア革命が起きる（十月革命）。この動向は、第一次世界大戦での敗戦とレジームの崩壊が視野に入ってきたドイツ国内の政治状況にも影響を及ぼすことになる。

もっともウェーバーはプロテスタンティズムの関連で資本主義を論じた研究者として有名なので、マルクスやマルクス主義とは対立的に理解されることも多い。しかし彼は当然のことながらマルクスをよく読んでおり、かつその理論を自分の枠組みに組み込んでいる。たとえば近代国家における権力の集中について論じた箇所では、次のように書かれている。

君主の側から見て、こうした行政権力の「私的」な担い手の収奪が軌道に乗ることで、どこでもそうですが、近代国家の発展が始まります。このプロセスの全体は、独立自営の生産者が次第に収奪されることで資本主義的経営が発展するのと完全に対応しています（MWG I/17, S. 165.『仕事』一〇五頁）。

武器その他を自前で所有していた封建領主から、絶対君主は「収奪」することによって、中央集権的な権力を確保する。ウェーバーはこの過程に「収奪」という言葉を使い、資本主義的な経営との並行関係を認めている。このときウェーバーは、マルクス『資本論』(第一巻第七篇第二四章)に出てくる、「いわゆる原初的資本蓄積」を意識していなかったはずはない。

資本関係というものは、労働を現実化する条件の所有から労働者が切り離されていることを前提としている。〔…〕このプロセスは一方では社会的な生活手段と生産手段を資本へと変換し、他方では、直接の生産者を賃金労働者へと変換する。それゆえ、いわゆる原初的資本蓄積は、生産者と生産手段の歴史的な分離過程以外のなにものでもない(『資本論』第一巻下、五〇三頁)。

自営業者から生産手段が収奪されることで、資本が蓄積する。そしてそれに応じて自分の労働を切り売りするしかない労働者に対する資本家の権力が強化される。この過程はたしかに、中央集権化した国家権力には、もはや誰もかなわないという状況に似ている。のちに丸山眞男は「忠誠と反逆」（一九六〇年）で、封建制において存在した「忠誠の多元性」が近代国家では失われ、家臣が忠誠ゆえに「諫言《かんげん》」することがなくなり、一元的な支配関係が貫徹されていく様を描くことになる。そしてこの様は、小選挙区制導入後、政党から「公認」を受けることができるかどうかが決定的に重要になり、したがって党幹部を批判して非主流派になるリスクが大きくなったために、政党内の論争が低調になった、という状況を思い浮かべることで理解できるかもしれない。また、国家公務員の人事権を内閣人事局が握ることによって、首相とその近辺の気嫌を損ねる政策提案はなされなくなり、「忖度」しなくては仕事ができなくなった近年の霞《かすみ》が関《せき》の役人の事情とも重ねることができるだろう。

とはいえ、当然のことながら、近代国家における権力の集中と資本主義社会における労働者からの労働手段の分離に並行関係を認める議論には、一定の留保が必要である。近代国家の場合とは異なり、資本主義における資本家は一元的な権力を確保できるわけではなく、むしろ市場における同業他社との競争に晒《さら》されている。カルテルや独占の問題はあるものの、一定の競争関係が存在することは経済的な「収奪」と政治のそれとの大きな違いである。

ところが社会主義体制では、市場における競争もなくなる。ロシア革命に関してウェーバーが注目したのは、この政治的帰結だった。彼の社会主義論は、一九一八年六月にウィーンで、将校たちを前にして行われた講演で、最も明瞭に論じられている。

この年、つまり一九一八年の夏学期だけ、ウェーバーはウィーン大学で講義を担当した。そこに留まる可能性も考えられてはいた。この頃は、完治しないまでも精神状態もいくぶん安定していた。しかしそれとともに、遺産によって療養生活を続けることが、しだいに厳しくなり、金銭的な不安が出てきていた。それにしても、ハイデルベルク大学で講義を担当できなくなってから、実に久しぶりの講義復帰である。しかし結局は、多くの学生が殺到したことで、ウェーバーは負担に耐えられず、半年でウィーンを去ることになる。

ただ、半年とはいえ、この年のウィーンは刺激に満ちていた。グスタフ・クリムト（一八六二〜一九一八）とエゴン・シーレ（一八九〇〜一九一八）が相次いで死去したのも、この年のこの都市でだった。ウィーン大学には法学者のハンス・ケルゼン（一八八一〜一九七三）、経済学者のヨゼフ・シュンペーター（一八八三〜一九五〇）がいた。まだ学生だったが、ネオリベラリズムのフリードリヒ・ハイエク（一八九九〜一九九二）、現象学的社会学のアルフレート・シュッツ（一八九九〜一九五九）、第二次世界大戦後、ミュンヘンで学派を形成することになる政治哲学のエリック・フェーゲリン（一九〇一〜一九八五）らもいた。批判的合理主義のカール・ポパーが一六歳で、ウィーン大学の聴講生になったのも一九一八年だった。

そしてウェーバーが去ったその冬には、オーストリア革命が起き、第一共和政が誕生した。一九三四年まで続く、いわゆる「赤いウィーン」の時代が始まる。市議会で社会民主党が与党になり、多くの集合住宅が作られた。ウィーン一九区に現存するカール・マルクス・ホーフも、この「赤いウィーン」の時代に建設された。ウェーバーが社会主義についての講演を行ったのは、その時代が始まるまさに直前だった。

社会主義体制が市場での競争を否定して計画経済を採用し、また政党間の競争を否定して共産党一党独裁を貫くことで、「官僚の独裁」体制になるだろう、とウェーバーはこの講演で論じた。

> 公経営および目的団体による経営において優位を占めるのは労働者ではなく、いよいよもって、またもっぱらただ、官僚にほかならないのです。ここでは、労働者は、私的企業家に対する場合よりも、ストライキに訴えることがいくらかむずかしいのであります。労働者の独裁ではなしに、官僚の独裁こそは、――おそらくさしあたり――進行しつつあるものにほかなりません（MWG I/15, S. 621.『社会主義』六四～六五頁）。

二〇世紀後半の社会主義体制を知っている者にとっては、とくに目新しい議論には思えないかもしれない。旧ソ連では、ノーメンクラトゥーラ（赤い貴族）と呼ばれる特権官僚層が強固な支配を築いたことを、私たちは知っている。米ソ冷戦のなかで、「西側」はこうした官僚制支配をグロテスクに描き出した。また、それと関連しつつ、新自由主義政策は、硬直化した公務行政に対して市場の論理と「小さな政府」を対置する。ウェーバーはソ連批判をしようとしたわけでも、ネオリベラリズムを唱えたわけでもなかった。しかしそれでも、彼の一九一八年の講演は、その後の官僚制批判につながっていく。

ただ、ウェーバーは、官僚制的な組織原理を破壊したり、ミニマム化したりすればいいとは考えていない。恣意性を排除するための、規則による支配や責任分担、あるいは文書をもとにした支配など、こうした組織原理が保持されるべき領域がある。問題はむしろ政官関係、つまり政治家と官僚の関係性において、官僚制による合理的行政の論理の展開が政治的な空間を窒息させることにある。

行政の論理は、規則に基づき、恣意と私情を排して、粛々と業務を行うことを要求する。有力者や特定の個人のえこひいきなど、パーソナルで党派的なことがらは極力排除される必要がある。これに対して政治家は、本来的に「党派的」である。彼らは、自分の属する共同体がどういう方向に進むべきかについて立場を決め、異なる立場の人と言葉を使って「闘争」する。なぜ自分がその立場を選択したのかについて、支持者や敵対勢力、そして公衆に説明しなければならない。そしてもちろん、その決定には責任がともなう。党派性と論争性をミニマムにしようとする役人の世界は、党派性と論争性を本質とする政治家の世界とは衝突する。政官関係がつねに難しく、両者のせめぎ合いの局面が出てくるのは、この対立関係のゆえである。

この対立はどこでも起こりうる。しかし、ほとんどの場合、趨勢《すうせい》は官僚側に有利な仕方で進んでいく。二〇世紀になって社会保障制度が拡充され、国家が担う行政事務が増大した。行政事務が複雑化すればするほど、当然のことながら、行政の論理が政治の論理を圧迫し、テクノクラシーの論理が支配的になる。ウェーバーが注目し、また抗《あらが》おうとしたのは、こうした意味での官僚制化であった。

議会を無力化し、政治的に重要な決定を官僚主導で進めてきた「ビスマルクの（負の）遺産」を論じるときにも、ウェーバーは政治と行政の緊張関係という視点から論じている。一九一七年四月から六月にかけて新聞に連載された、ウェーバーの戦後構想である「新秩序ドイツの議会と政府」でも、この点が強調されている。ただ、官僚制化の進展に対する彼の懸念は、社会主義体制が崩壊し、「脱官僚主導」が強く主張されたあとの、今日の状況にあっては、いくぶん理解しにくいかもしれない。しかし、この革命の時代に「官僚の独裁」という視点を提示したことの意味は大きかった。

なお、ロシア革命に関しては、ウェーバーとシュンペーターがカフェで議論して、大げんかになった、というエピソードがある。この舞台となったのは、ウィーン大学近くにある名門カフェのラントマンだった。この年、一九一八年にシュンペーターは『租税国家の危機』を書いて注目を集めていた。この若き俊英シュンペーターはウェーバーにロシア革命について語り、それを社会科学者にとって興味深い「実験」だと述べたという。ウェーバーは「罪のない人の多くの血が流れる」といったが、シュンペーターは意に介さない。これに怒ったウェーバーが怒鳴ってカフェを出て行った、と同席していたフェリックス・ゾマリー(一八八一〜一九五六)が回想で書いている。

このエピソードはよく知られているが、実は、二人の論争の争点はそれほど明確ではない。ロシア革命を壮大な「実験」とみていたのは、ウェーバーも同じだった(MWG I/15, S. 628. 『社会主義』七九頁)。また、のちにシュンペーターはルソー的なデモクラシー理解を否定しながら、エリートによる競争によってデモクラシーを再定義していくが、こうしたデモクラシー理解はカリスマ的な政治リーダーによる闘争を強調したウェーバーのそれを引き継ぐものでもあった。両者がなにをめぐって争ったのかは、考えてみるとよくわからない。ただ、カフェで議論していて激昂《げきこう》するというエピソードは、ウェーバーという人の一面をよく表している。少なくとも激動の時代にあって、ただでさえ神経過敏なウェーバーが、いっそう不安定になっていたことは確認できる。

理念型としての官僚制

ウェーバーは官僚制を合理的で、機能的に優秀な組織として描く。そしてそのため官僚制的な組織の進展を宿命的で、不可避な過程とみなす。こうした官僚制モデルは、今日の私たちの日常的なイメージとはかなりズレている。社会学者のロバート・マートン（一九一〇～二〇〇三）は「逆機能」という言葉を用いて、合理的に構成されているはずの官僚制がしばしば無能をさらけだす局面に注目している。ある目標のために定められた規則であっても、いつしかその規則を守ることとそれ自体が自己目的化するということを、私たちはよく経験する。日本語には「杓子定規《しゃくしじょうぎ》」という言葉があるが、まさにこれである。こうした官僚制への否定的なイメージは、新自由主義的な言説において、いっそう強化されてきた。「小さな政府」の論者にとって、官僚制的な組織は合理的どころか無駄と非合理の代名詞である。

このため、ウェーバーの描く官僚制は現実に適合しておらず、間違っている、といわれることもしばしばある。しかし、ここで確認しておかなければならないことがある。ウェーバーは確信犯的に、官僚制を「思考の上で高められた一つのユートピア」として構成しているということである。ウェーバーにとって官僚制は、彼の表現を用いれば、「理念型《りねんけい》」(Idealtypus) なのである。彼は次のように書いている。

> 理念型が獲得されるのは、ひとつの、あるいは二、三の観点を一面的に高め、その観点に適合する、ここには多く、かしこには少なく、ところによってはまったくない、というように、分散して存在している夥《おびただ》しい個々の現象を、それ自体として統一されたひとつの思想像に結合することによってである（MWG I/7, S. 203-204.『社会科学と社会政策にかかわる認識の「客観性」』一一三頁）。

ウェーバーは官僚制のある側面に強く光を当てながら、一貫した仕方で構成している。このため、「現実の組織」として認識されているものがこの構成からズレているとしても、彼にとって、それは失敗を意味しない。むしろ焦点の定まらない、もっともらしい説明よりも、ある側面を鋭く、明晰に可視化することを、彼は重視する。ウェーバーの官僚制モデルは、こうした理念型の典型だといえる。

理念型は現実とそのまま合致するわけではない。それは一種のユートピアである、とウェーバーは何度も強調している。この点で、ウェーバーの理念型はジョン・ロールズの「理想理論」（ideal theory）と共通している。ロールズは好ましい条件が整っており、理論の厳格な遵守が想定できる理想理論と、そのような想定ができないところで、不正な社会への方策を示す非理想理論（non-ideal theory）を区別している。そして現実可能性を論じる以前に、現実を評価し、それに指針を提供する理想理論を優先する（『正義論』第三九節）。ロールズの理想理論も現実とは遊離し、ユートピア的たらざるをえない、という点でウェーバーの理念型と同じである。

ただし、理念型と理想理論はもちろん異なる。理念型は人びとがそれに準拠して行為する規範ではなく、あくまで理論的な構成である。ウェーバーは禁欲的プロテスタンティズムの理念型を描こうと試みているが、こうして提示された理念型に準拠して、人びとがプロテスタント的に生きなければならない、というわけではないし、それを求めているわけでもない。

理念型（**Idealtypus**）を英訳すれば、**ideal type** であり、言葉の翻訳の通例からすれば、「理想型」と訳した方が自然であるし、実際、このように訳している研究者もいる。しかし「理想」とすると「〜すべき」という規範性が強くなるため、「理念型」という訳語が使われることが多い。

理念型の善し悪《あ》しを評価する基準は、現実との摩擦のなさではない。あまりに違和感なく受け入れられる理論は、それがある角度からの「切り取り」であることを忘れさせる。理念型の特徴となる機能は、なんとなく生きていると気づかないことに気づかせることである。画家のパウル・クレーは、「創造についての信条告白」で、「芸術の本質は、見えるものをそのまま再現するのではなく、見えるようにすることにある」（『造形思考』上、一六二頁）とい

フランツ・カフカ

っている。このエッセーは、ウェーバーが死去した一九二〇年に書かれた。ウェーバーも官僚制の理念型によって、日常的なものの見方ではみえない官僚制をみえるようにしている。

カフカ『流刑地にて』

同じ時代の官僚制的な組織を観察しながら、まったく異なるものをみえるようにした人に、フランツ・カフカがいる。ウェーバーとカフカにはまったく接点がないように思われるかもしれない。しかし、カフカが一九〇六年にプラハのカレル大学で法学博士の学位を取得するために口頭試問を受けたのは、マックスの弟アルフレート・ウェーバー（一八六八〜一九五八）のもとでだった。その後、カフカはプラハの労働者傷害保険協会という典型的な官僚制組織のなかで働き、内部観察することになる。一九一〇年に、アルフレート・ウェーバーは「官僚」と題する論文を書いている。この論文が掲載されたのは、カフカが定期購読していた『新展望』だった。カフカはこれを読んでいた、と考える点で、大方のカフカ研究者は一致している。

『審判』や『城』を読めば、偶然的な事柄が必然性と無謬《むびゅう》性の前提のもとで「宿命」に変えられていく、ある種ホラー的な状況を体感することになる。また一九一四年に書かれ、一九一九年に刊行された『流刑地にて』は、学術調査の旅行者に、将校が次のようにいうシーンから始まる。

「実にたいした機械〔ein eigentümlicher Apparat〕でしてね」（『流刑地にて』三〇頁）

「ベッド」「馬鍬《まぐわ》」「製図屋」という三つの部分（三つの機能をもつ部局）からなる死刑執行の装置は、まさに官僚制的な組織の作動様態のメタファーになっている。装置の一貫性と規律化への志向、訓練された無能力、不具合が頻発する現実と無謬性の神話、内部の構成員のプライド、組織の外からの冷ややかな評価や嘲笑、求められる経費削減（行政改革）、マシーンの原理を理解することなくとりあえず服従する職員など、流刑地の装置は官僚制のある側面をきれいに表現している。

もちろんウェーバーとカフカの違いはあまりに大きい。しかし、彼らはともに二〇世紀初頭の同じ現実を観察している。ウェーバーはそうした官僚制の表の顔を理念型的に記述し、カフカはそれを小説の形で裏から書いた。

第五章　世界宗教を比較する

——音楽社会学とオリエンタリズム

「日々の要求」に従う率直な行為によって、現実世界への関連を持とうとする想念は、特殊西洋的な「人格」のあらゆる意味の基礎となっているのであるが、かかる想念は、アジアの知識人文化からかけ離れている。同様に、この〔アジアの〕知識人文化は、現世を、それ固有の非人格的な法則性の発見によって、実際に支配しようと努力する、西洋の純粋に即物的な合理主義からもかけ離れている。

MWG I/20, S. 542-543.『ヒンドゥー教と仏教』四七七頁

関連年表

1904 「プロテスタンティズムの倫理と資本主義の精神」前半発表（後半は1905年）
1909 「古代農業事情」『国家学辞典』第３版
　６月　エミール・ラスクがミナ・トーブラーをウェーバー夫妻に紹介する
1912 ８月　トーブラーとワーグナーを鑑賞（バイロイトで『パルジファル』、ミュンヘンで『トリスタンとイゾルデ』）
1913 エントツァウベルンク（魔法が解ける／脱魔術化）という語をはじめて使う
1914 ７月　第一次世界大戦勃発
1915 「儒教と道教」
1916 「ヒンドゥー教と仏教」（〜1917年）
1917 11月７日　講演「仕事としての学問」、「古代ユダヤ教」（〜1919年）
1918 11月　第一次世界大戦終結。ドイツ革命。帝政の終焉
1919 ６月　ヴェルサイユ条約締結
　８月　ワイマール憲法制定
1920 『宗教社会学論集』第１巻
　６月14日　マックス・ウェーバー死去
1921 『宗教社会学論集』第２巻・第３巻、『経済と社会』（〜1922年）、『音楽の合理的・社会学的基礎』（いわゆる『音楽社会学』）
1923 リルケ『オルフォイスに寄せるソネット』
1950 リースマン『孤独な群衆』
1978 サイード『オリエンタリズム』

比較宗教社会学のプロジェクト

ウェーバーの晩年はまさに激動の時代だった。第一次世界大戦、ドイツ革命、帝政の終焉、ヴェルサイユ条約締結、ワイマール憲法の制定と続く。ウェーバーも「ドイツの将来の国家形態」「新秩序ドイツの議会と政府」など、多くの文章を新聞に発表し、時局に介入していく。

しかし、彼の時間とエネルギーが政治に注がれ、彼の研究がそうした時事・政治的なテーマに限定されていたのかというと、実はそうではない。大戦が勃発し、野戦病院での激務を終えてから、彼は「世界宗教」を対象とした比較宗教社会学に関する大きなプロジェクトに取り組み、自分も編者として関与していた『社会科学・社会政策雑誌』に、ハイペースで論文を発表している。

中国論である「儒教と道教」（一九一五年）、インド論である「ヒンドゥー教と仏教」（一九一六／一七年）、そして「古代ユダヤ教」（一九一七〜一九年）である。彼の突然の死によって、このプロジェクトは未完に終わってしまったが、このあとに続いて、原始キリスト教やイスラームについての研究も予定されていた。このプロジェクトでウェーバーは、「プロテスタンティズムの倫理と資本主義の精神」を起点に据えながら、その枠組みを発展させて「世界宗教の経済倫理」を比較し、「ヨーロッパ近代」の固有性を明らかにしようとする。本章では、主としてこの比較研究の構図を確認し、その意義について考えていく。

なお、このプロジェクトは未完に終わってしまったが、これらの原稿は『宗教社会学論集』全三巻として、一九二〇年から一九二一年にかけて刊行された。プロテスタンティズムに関する研究とは別建てで、「世界宗教の経済倫理」として中国、インド、そして古代ユダヤ教の研究が据えられている。最初の巻はウェーバー自身によって脱稿され、印刷された。第二巻、第三巻は妻のマリアンネによって刊行された。未完の部分も含めた全体の構想は、左のページのようになる。これは、ウェーバーが生前に書いた一九一九年一〇月二五日付の「出版告知」(MWG I/19, S. 28) をもとにして、ハイデルベルクのウェーバー研究者のヴォルフガング・シュルフター(一九三八〜)が再構成した表 (Schluchter, *Max Webers späte Soziologie*, S. 206-209) を一部修正したものである。

「世界宗教の経済倫理」の構想

第一巻
序言（一九二〇年）
プロテスタンティズムの倫理と資本主義の精神（一九〇四／〇五年、一九二〇年改訂）
プロテスタンティズムの教派と資本主義の精神（一九〇六年、一九二〇年改訂）
世界宗教の経済倫理
序論（一九一五年、一九二〇年改訂）
儒教と道教（一九一五年、一九二〇年改訂）
中間考察（一九一五年、一九二〇年改訂）

第二巻
ヒンドゥー教と仏教（一九一六―一九一七年、刊行に際しての改訂なし）
西洋の特別な発展の一般的基礎（一九一九年一〇月二五日の告知に記載あり）
エジプト、ビザンチウム〔現在のイスタンブール〕、ペルシャの事情（告知に記載あり）
古代ユダヤ教（一九一七―一九二〇年、刊行に際しての改訂なし、実際には『宗教社会学論集』第三巻として刊行された）
補論：詩篇とヨブ記（『宗教社会学論集』第三巻〔『古代ユダヤ教』〕に寄せたマリアンネによる序文に記載あり）

第三巻
原始キリスト教（告知に記載あり）
タルムードのユダヤ教（告知に記載あり）
東方キリスト教（告知に記載あり）
イスラーム（告知に記載あり）

第四巻
西洋のキリスト教（告知に記載あり）

もう一つのプロジェクト『経済と社会』

晩年のウェーバーはさらにもう一つの大きなプロジェクトを抱えていた。彼の死後、一九二一年から一九二二年にかけて『経済と社会』というタイトルで出版されたものである。この本は当初は四分冊で刊行され、その後、一冊にまとめられた。ドイツ語の原著で合計千ページ近い分量になるこの著作は、とにかく分厚いという意味で、かつては「電話帳のような」という形容がなされたが、この表現は今日の若い読者にはかえってわかりにくいかもしれない。

このプロジェクトは、編集社主のパウル・ジーベック（一八五五〜一九二〇）が『政治経済ハンドブック』の新版の執筆をウェーバーに依頼したことから始まる。このハンドブックは広く読まれたが、最新の研究成果を踏まえた新版の刊行が必要だというのが、ジーベックの判断だった。『政治経済ハンドブック』の後続のシリーズの刊行は、『社会経済学要綱』というタイトルで、一九一二年に開始された。ウェーバーもかなりの草稿を執筆していたが、第一次世界大戦が勃発することで、彼の担当分冊は刊行されなかった。それでも、この時期に書かれた草稿の基本的なプランは、一九一三年一二月三〇日付の、出版社への書簡で示されている。

完結した社会学の理論と叙述を作り出しました。すべての重要なゲマインシャフトの形式を経済に関係づけるものです。家族や家共同体から始めて「経営」、氏族、エスニックな共同体、それから宗教（地上のすべての偉大な宗教を包摂する。救済論と宗教倫理の社会学。トレルチが行ってきたものを、いまやすべての宗教について、本質的なことだけ、より簡潔に）。最後には、一つの包括的な社会学的な国家論・支配論になります。これまでに比肩できるものはなく、「お手本」もない、と主張しても差し支えありません（MWG II/8, S. 449-450）。

このときウェーバーのテンションはかなり上がっている。実際、かなりの量の草稿がこの頃、執筆された。しかし、翌年七月に第一次世界大戦が勃発することで刊行が難しくなる。そして一九一九年頃から再び、この仕事に戻ることになるが、時間の経過による修正の必要はそれなりに大きく、そうこうしているうちに死を迎えることになった。

マリアンネは遺稿を整理し、『経済と社会』というタイトルでそれらを出版した。第二次世界大戦後、ウェーバーの遺稿の研究者ヨハネス・ヴィンケルマン（一九〇〇～一九八五）によって『経済と社会』の改訂第四版、第五版も出された。日本では、この『経済と社会』所収の各章が、『社会学の根本概念』『宗教社会学』『法社会学』『支配の社会学』『都市の類型学』『支配の諸類型』、あるいは『権力と支配』というタイトルで、それぞれ独立の本として、別々の出版社から翻訳が出版されている。こうした事情もあって、その全体像をイメージすることが難しい。また、ヴィンケルマンの編纂《へんさん》の仕方にも、今日では、多くの研究者が疑問を抱いている。

一九八四年から始まったマックス・ウェーバー全集では、『ゲマインシャフト』（MWG I/22-1）、『宗教的ゲマインシャフト』（MWG I/22-2）、『法』（MWG I/22-3）、『支配』（MWG I/22-4）、『都市』（MWG I/22-5）、『社会学　未完成 1919-1920』（MWG I/23）という形で編纂されている。ただ、この編纂方針については、ウェーバー研究者の折原浩《おりはらひろし》（一九三五〜）によって批判がなされている。戦前（一九一〇〜一四年）に書かれた草稿と、晩年の改訂稿とでは、鍵となる概念の意味が変容している。この点を無視して編纂された全集版では、意味の混乱が生じる危険性がある。本書では詳述することはできないが、関心のある方は、折原浩とヴォルフガング・シュルフターによる『『経済と社会』再構成論の新展開』を参照いただきたい。

なお、ウェーバーのテクストの編纂やクリティークについての研究が最も豊富なのは、折原浩をはじめとする日本での研究蓄積である。その意味で日本のウェーバー研究の水準は概して高い。しかし別の言い方をすれば、ドイツやアメリカなどの研究者は、ハイデルベルク大学のヴォルフガング・シュルフターなどの一部の専門家を除いて、「ウェーバー学」を専門に研究しているわけではない。マックス・ウェーバーの「作品史」にかかわる重要な問題提起をしたことで知られるフリードリヒ・H・テンブルック（一九一九～一九九四）も、もともとはハイデガーのもとで研究を始めた哲学者であった。彼が教授資格論文を提出したのは、戦後西ドイツにおける政治学の創始者の一人として知られるアルノルト・ベルクシュトレッサー（一八九六～一九六四）である。ベルクシュトレッサーはミュンヘン大学でウェーバーの講義を聴講していたが、ウェーバー研究の専門家というわけではない。

欧米圏の研究者は概して、それぞれの研究課題に応じてウェーバーのテクストから必要なものを切り出していこうとする傾向にある。狭義の「ウェーバー学」の専門家からすれば、こうした態度は「つまみ食い」にみえるかもしれない。しかし逆に自分の研究プログラムをもっていて、そのかぎりでウェーバーの理論の使えるところを使おうという研究者にとっては、「ウェーバー学」的な研究態度はウェーバーを読むことを自己目的化しているようにみえるだろう。ウェーバーのテクストの読まれ方の振幅については、終章であらためて取り上げたい。

魔法が解ける

マックス・ウェーバーの用語で、とくに有名なものとして、エントツァウベルンク(Entzauberung)がある。ドイツ語のツァウバー(Zauber)は英語のmagicに対応する。モーツァルト(一七五六～一七九一)の有名なオペラに『魔笛』(一七九一年)があるが、そのタイトルはDie Zauberflöteであり、まさに「魔法」の「笛」である。日本語文献でエントツァウベルンクは、「脱魔術化」と訳されることが多い。「魔術からの解放」や「呪術剝奪《はくだつ》」と訳されることもある。ここでは「魔法が解ける」とする。

訳語の選択において重要な論点は、エントツァウベルンクがある行為主体による「作為」なのか、それともそれとは異なる意図せざるプロセスなのか、という違いである。「脱魔術化」という訳語は、囚われているものから主体的に脱する、という意味合いが強く、「魔法が解ける」という場合は、かつてあれほど強かった心理的呪縛が、まるで嘘のように解けていく、という意味である。

前近代的な社会に潜む非合理な因習などから、主体的に脱することに力点を置く人は「脱魔術化」、あるいは「魔術からの解放」という表現の方がしっくりくるだろう。戦時中の軍国主義イデオロギーから自らを主体的に解放しようという文脈で、エントツァウベルンクを用いる人は当然、前者の「脱魔術化」という訳語を使うことになる。逆にこうした主体性の論理ではなく、「弱い自己」に注目するモリス・バーマン（一九四四〜）の『デカルトからベイトソンへ――世界の再魔術化』の邦訳では、エントツァウベルンクに対応する英語の dis-enchantment は「世界の魔法が解けていく」（柴田元幸《しばたもとゆき》訳）と訳されている。それまでの自分とは異なる考えの人に出会ったり、なんらかの経験をしたりすることで、以前の呪縛が知らないうちに消えていく、という経験を、このタームに込めるのであれば、「魔法が解ける」という方がピタリとくる。

カント（一七二四〜一八〇四）は他人の指示を仰がなければ生きていけない未成年状態から脱することを「啓蒙」と呼ぶ。もちろん啓蒙には「知る勇気」という主体的な側面がある。しかし、カントが強調するのは、公衆が自由に議論するというプロセスのなかで生じる、互いに開かれていく経験である。「このように個人が独力で歩み始めるのはきわめて困難なことだが、公衆がみずからを啓蒙することは可能なのである。そして自由を与えさえすれば、公衆が未成年状態から抜けだすのは、ほとんど避けられないことなのである」（『啓蒙とは何か』一三頁）とカントはいう。エントツァウベルンクもこうしたプロセスにおける「避けられない」出来事であるとすれば、それは「魔法が解ける」ということになる。

いずれにしてもエントツァウベルンクは、ウェーバーの用語として、最も有名なものの一つである。しかしそうはいっても、実はこの言葉はウェーバーによる造語というわけではない。『グリム・ドイツ語辞典』第三巻（一八六二年）にはすでに、見出し語としてエントツァウベルンクが出てくる。ここでは用例として、フリードリヒ・シラー（一七五九〜一八〇五）やクリストフ・マルティン・ヴィーラント（一七三三〜一八一三）の文章が挙げられている。

ウェーバーの著作でこの言葉がはじめて用いられたのが、「理解社会学のカテゴリー」（一九一三年）だった。この用語はその後、講演「仕事としての学問」でも用いられ、次のように説明されている。

> 知性主義や合理主義が進展するといっても、ぼくたちがそのもとで暮らしている生活の条件についての知識が増大しているわけではありません。それはまったく別のことを意味しています。知りたいとさえ思えばいつでも確かめることができるだろうということ、したがって〔電車の運行に〕入り込んでいる、秘密に満ちた、計算不可能な力など原理的に存在しないということ、むしろすべてのものを原理的に計算によって支配できるということ、こうしたことを知っており、また信じている、ということです。これが意味するのは、世界の魔法が解ける〔Entzauberung der Welt〕ということです（MWG I/17, S. 87.『仕事』四三頁）。

ここで、エントツァウベルンクは知性主義や合理主義などの用語によって言い換えられてもいる。そして私たちの時代を特徴づけるキーワードとして用いられる。

宗教への関心と神義論

『プロテスタンティズムの倫理と資本主義の精神』から晩年に至るまで、ウェーバーは宗教について論じ続けた。それにしてもなぜ宗教だったのか。自分の時代を「魔法が解ける」という表現で特徴づけたのは、ほかでもないウェーバーだったのではないか。この点に関連して、彼は『宗教社会学論集』「世界宗教の経済倫理」の「序論」で次のように書いている。

人間の行為を直接に支配するものは、〔物質的ならびに観念的な〕利害関心〔Interessen〕であって、理念〔Ideen〕ではない。しかし、「理念」によってつくりだされた「世界像」は、きわめてしばしば転轍機《てんてつき》として軌道を決定し、そしてその軌道の上を利害のダイナミズムが人間の行為を推し進めてきたのである。つまり、「どこから〔wovon〕」、そして「どこへ〔wozu〕」「救われる」ことを欲し、また――これを忘れてはならないが――「救われる」ことができるのか、その基準となるものこそが世界像だったのである

（MWG I/19, S. 101.『宗教社会学論選』五八頁）。

なにが世界を動かしているのか、と問われたとき、私たちはいくつかの答え方の可能性をもっている。グローバル化が進む現在、格差や貧困が大きな課題になるなかでは、当然のことながら社会・経済的な連関に注目が集まる。現実に存在した社会主義体制には批判的でも、マルクスの社会理論がなおも注目されるのには十分な理由がある。

あるいはアクターが自分の利益や効用を最大化することを求めて行為するという前提で、社会現象を説明しようとする合理的選択理論では、出発点はそうした意味での個人の合理性ということになる。

これに対して、ウェーバー的なアプローチの大きな特徴は、理念、とりわけ宗教的な観念世界から汲《く》み上げられた理念に注目する点にある。宗教的なものに深くかかわる理念は、もちろん合理的選択理論の研究者が想定するような意味では合理的ではない。しかしそれでもそうした理念には一定の意味の連関があり、特定の宗教の信者でなくても、意味の連関は理解可能である、というのが彼の議論の前提になっている。

もっとも、当然のことではあるが、理念だけで世の中が動くわけではない。ほとんどの場合、理念は世界を変えられない。『プロテスタンティズムの倫理と資本主義の精神』を扱った第三章でも紹介したように、プロテスタンティズムのベルーフの理念が資本主義経済と一定の親和性をもっていたとしても、後者はやがて前者とコンフリクトを起こし、資本主義経済の論理の方が一人歩きを始めるという消息を描いたのは、ウェーバー自身である。

それどころか最近では、仕事の「やり甲斐《がい》」や「社会貢献」のような使命にかかわる観念が、低賃金労働の正当化のために巧妙に利用されていると思えることもある。こうなると理念が社会をつくるどころか、経済の論理が理念を捏造《ねつぞう》していると考えなければならなくなる。リュック・ボルタンスキー（一九四〇〜）とエヴ・シャペロ（一九六五〜）の『資本主義の新たな精神』はまさにこうした「精神」について考察している。

しかしそれでも、ウェーバーは人を動かし、社会を変革していく力として、理念や「世界観」に注目する。世界の見方、人間の理解の仕方、生きる意味などについての思想や情報がプールされているのは、宗教的な観念世界である、と彼は考えた。

さらに、「魔法が解ける」という時代認識は、宗教的な観念が無意味になることと同じではない。「魔法が解けた」世界を、ウェーバーは次のように描いている。

知性主義が呪術への信仰を撃退し、かくして世界の諸事象が「脱呪術化〔entzaubern〕」されて呪術的意味内容を失い、それらがただなお「存在」し「生起」するだけでそれ以上のなにものをも「意味」しなくなるにつれ、世界と「生の導き」に対する要請は、これらが常に一つの全体として有意義にかつ「意味深く《ジンフォル》」秩序づけられるべきであるという方向に向かって、いっそう切実なものとなる（MWG I/22-2, S. 273.『宗教社会学』一六〇頁）。

魔法が解ければ解けるほど、人は生きる「意味」を切実に求める。魔術が解けて、再魔術化が呼び込まれる。両者の傾向は矛盾しつつも、同時並行的に進んでいく。詩人のライナー・マリア・リルケ（一八七五〜一九二六）は『オルフォイスに寄せるソネット』（一九二三年）で、次のように書いている。

> どこにでも機械はわがもの顔に出て来て、常に私たちの方が落伍《らくご》してしまう、
> すると機械は静かな工場の中で油をしたたらせつつ完全に己《おの》が主人となる。
> 〔…〕
> しかし私たちにとって存在はなお魔法に満ちている。（第二部一〇）

リルケはミュンヘンでウェーバーの講演を聴いている。彼においても、魔法が解けつつあ

ることと、魔法が満ちることはまったく矛盾しない。戦後日本でウェーバーが読まれるとき、「近代」という時代はこの両面の前者に力点が置かれて理解された。しかし、リルケにしてもウェーバーにしても、むしろせめぎ合う両義性こそが問題だった。ウェーバーが「魔法が解ける」という表現をはじめて使った一九一三年は、「自由ドイツ青年」運動が成立した年でもあった。彼らが唱えた「フォルクの刷新」には、擬似宗教的な要素も含まれていた。

ウェーバー自身も人生の「意味」に対する強い関心、ないし飢餓感をもっていた。そんな彼が神義論（Theodizee）に目を向けたのは、ある意味で当然のことだった。宗教的な律法に則して生きている善人が、それにもかかわらず、あまり幸せではなく、むしろ多大な苦難を背負っているようにみえることがある。あるいは、悪人の方が栄えているのではないか、という疑問をもたざるをえないこともある。神義論（弁神論）は、神の絶対的な善性と現世における災いのあいだの矛盾を取り扱う。

神義論的な問題は、正しき人であるにもかかわらず、子供を失い、健康を損なって苦しむヨブの試練を描いた旧約聖書の『ヨブ記』に典型的に示されている。こうした問題を神義論として定式化したのは、『モナドロジー』（一七一四年）で知られるドイツの哲学者ゴットフリート・ライプニッツ（一六四六〜一七一六）だった。

ただ、ライプニッツの場合にはあくまで一神教的な人格神が議論の前提とされていた。これに対してウェーバーは議論の射程を拡大する。論理的に首尾一貫して展開された神義論として、彼はインドの業（カルマ）の教説、ゾロアスター教的な善悪二元論、そして隠れたる神の予定説を挙げている（MWG I/19, S. 95.『宗教社会学論選』四八〜四九頁）。ウェーバーにとって宗教は人生の「意味」をめぐる形而上《けいじじょう》学的な問いとかかわっていた。

もっとも、マックス・ウェーバーという人についていえば、宗教的なものへの関心の強さは、彼自身の信仰とは並行関係にはなかったようである。政治思想史家のエリック・フェーゲリンへの書簡（一九三六年二月五日付）で、マリアンネ・ウェーバーは次のように書いている。「キリスト教に対するマックス・ウェーバーのかかわりは彼の人生の後半にはかなり色あせました。もっとも宗教的な現象やイメージ世界はどれも彼の心を動かしたのですが」(Voegelin, *Die Grösse Max Webers*, S. 60)。

比較宗教社会学の問題設定と音楽社会学

ウェーバーは宗教的な理念と、それが社会に及ぼす力に注目する。彼はそれを比較宗教社会学として展開していく。その基本的な問題関心は『宗教社会学論集』の「序言」の冒頭に書かれている。多くの本がそうであるように、「序言」は最後に書かれる。ウェーバーも死の直前、『宗教社会学論集』の第一巻を刊行するときに、この文章を付け加えた。

近代ヨーロッパの文化世界に生を享《う》けた者〔直訳すれば、「近代ヨーロッパ文化世界の息子」――野口による補足〕が普遍史的な諸問題を取扱おうとする場合、この人は必然的に、そしてそれは当をえたことでもあるが、次のような問題の立て方をするであろう。すなわち、いったい、どのような諸事情の連鎖が存在したために、他ならぬ西洋という地盤において、またそこにおいてのみ、普遍的な意義と妥当性をもつような発展傾向をとる文化的諸現象――少なくともわれわれはそう考えたいのだが――が姿を現すことになったのか、と（MWG I/18, S. 101.『宗教社会学論選』五頁）。

たんなる営利活動ではなく、近代的な資本主義は、プロテスタンティズムによって特徴づけられたある特有の文化的な背景のもとで成立したのではないか、という『プロテスタンティズムの倫理と資本主義の精神』での問題関心を、ここでは「西洋」の地盤で成立した「普遍的な意義と妥当性をもつような発展傾向をとる文化的諸現象」へと一般化している。

研究の射程のこのような拡大は、思わぬところから生まれた。そのきっかけは音楽だった。一九〇九年六月、ウェーバーは新カント派の哲学者エミール・ラスク（一八七五〜一九一五）の紹介で、ハイデルベルクでピアノ教師をしていたスイス出身のピアニスト、ミナ・トーブラー（一八八〇～一九六七）と知り合い、しだいに親密な関係になっていく。一九一一年にビスマルク通り一七番に引っ越したトーブラーのもとに、彼は頻繁に通ったという。そして一九一二年八月には、バイロイトで『パルジファル』、ミュンヘンで『トリスタンとイゾルデ』をトーブラーとともに鑑賞している。

こうした交友関係のなかで、ウェーバーは一九一一年、一二年あたりに「音楽社会学」に取り組み、しかもこれに夢中になっている。「社会学・経済学の「価値自由」の意味」という論文で、彼は音楽史に言及している。この論文は一九一七年に雑誌『ロゴス』に発表されたものだが、もともとは一九一三年の社会政策学会の委員会に提出するために印刷された意見書であった。「価値自由」について書かれたこの文章は、基本的なところでは一九〇四年の『社会科学と社会政策にかかわる認識の「客観性」』の問題設定を引き継いでいる。しかし、ここでは音楽や芸術の話がかなり唐突に出てくる。この頃、ウェーバーはとりわけ比較音楽社会学について語りたくてしかたなかったようだ。彼は次のように書いている。

> 音楽史の中心問題は、近代ヨーロッパ人の関心（「価値関係性」！）の立場にとっては、つぎのようなものであろう。すなわち、ただ、ヨーロッパにおいて、しかも一定の時期において、——このほかのところではいたるところで音楽の合理化が他のしかもたいて

いは正反対の道をとったのに反して──、和声音楽〔die harmonische Musik〕が、ほとんどいたるところで民俗的に展開したポリフォニーから展開されたのは、なぜであるか（MWG I/12, S. 487.『社会学・経済学の「価値自由」の意味』八九頁）。

ここで「価値関係性」というのは、研究対象はある特定の価値の「観点」と関連づけられて構成されるという意味であり、「近代ヨーロッパ」への関心から世界の音楽史を考察するということを指す。先ほど引用した『宗教社会学論集』の「序言」の冒頭の問題設定とほぼ同じことが、音楽史に即して書かれている。こうした着想については、妹のリリー宛、一九一二年八月五日付の書簡でも、すでに述べられている（MWG II/7-2, S. 638-639）。

ウェーバーが注目するのは、「音響物理的にあますところなく合理化しようとする試みに抵抗する」「ピュタゴラスのコンマ」である。この割り切れない非合理をどのように処理するかによって、世界音楽のシステムは分類できるとウェーバーは考えた。しかもそれぞれの音楽のシステムは宗教観・社会観とも連動している。中国の五音階は半音階進行を回避するが、これは「儒教の現世合理的な音楽論」である、と彼は述べる（MWG I/14, S. 159.『音楽社会学』四二頁）。五音階はこの非合理を覆い隠し、ヨーロッパではこうした非合理性を逆に「調性の豊饒《ほうじょう》化のために利用」しようとしてきたという（MWG I/19, S. 102-103.『宗教社会学論選』五九〜六〇頁)。

意外なことに、「ヨーロッパ近代」をスケッチしようとするウェーバーの一連の仕事は、音楽史・音楽社会学に起源をもっている。マリアンネ・ウェーバーは彼女のパートナーが自分の最重要の業績をどこにみていたのかについて、次のように書いている。

> ウェーバーにとっては、西欧の合理主義の特殊性と西洋文化にとってそれ〔合理主義〕が演ずることになる役割と〔いう二点について〕のこの認識は、自分がおこなった最も重要な発見の一つと思われた。その結果として、宗教と経済との関係についての彼の設問は、今やもっと広汎な、西洋文化全体の特性についての設問に拡大した(『マックス・ウェーバー』二六四頁)。

ウェーバーが文明比較に取り組んだ作品には、辞典の項目として執筆された「古代農業事情」(邦題は『古代社会経済史』)がある。辞典の一項目とはいえ、『国家学辞典』の第二版(一八九八年)から第三版(一九〇九年)に改訂される際に、ウェーバーは大幅な加筆をほどこし、邦訳では五〇〇頁にもなる。ここでもメソポタミア、エジプト、イスラエル、ローマなどを展望する大規模な比較がなされており、また「資本主義と官僚制」をめぐる興味深い考察もなされている。しかし「西欧の合理主義の特殊性」への関心が定式化されるのは、やはり彼が音楽社会学と取り組んだあとの展開である。その後の宗教社会学のプロジェクトは、実質的な部分が一九〇八年に書かれた「古代農業事情」とは区別される必要がある。「プロテスタンティズムの倫理と資本主義の精神」（一九〇四／五年）の研究は、音楽社会学的な気づきによって一段階、大きな枠組みに組み込まれる。ただしそのときには一定の齟齬が生まれる。このため、本章のはじめに書き出した『宗教社会学論集』の全体目次にあるように、プロテスタンティズム研究とは別建てで、中国論、インド論が配置されることになる。

なお、音楽および音楽史にウェーバーが関心をもつ機縁を与え、またこの時期の尋常ではない「生産性」をもたらしたのが、ピアニストのトーブラーだったということは、ウェーバーの伝記を書いたヨアヒム・ラートカウ（一九四三〜）やハイデルベルクの社会学者ライナー・レプシウス（一九二八〜二〇一四）によっても指摘されている。こうした「関係」は当然、マックスとマリアンネの夫婦関係にも影を落とすことになる。マーティン・グリーン（一九二七〜二〇一〇）の『リヒトホーフェン姉妹――思想史のなかの女性 1870-1970』など、思想史としてこのあたりを扱った研究もあるが、この問題に深く踏み込むことは本書の課題ではない。

世界宗教のマッピング

「ヨーロッパ近代」を特徴づけるためには、他の文化圏との比較が必要となる。ウェーバーの比較宗教社会学は、このため図式的な分類を基礎にして展開されることになる。宗教を分類するのに彼が用いるのは、二つの基準である。

一つは、現世肯定か、現世否定か。現世（ドイツ語ではWelt、英語ではworld）というのは、お金を稼いだり、美味《おい》しいものを食べたり、温泉でゆっくりしたりという日々の生活を指す。宗教的なインスピレーションは、しばしばこうした現世の論理を否定してきた。キリスト教の修道士にしても、インドの仏教徒にしても、こうした理由から、カネや権力からなる現世の論理と真っ向から対立した。ウェーバーによる宗教の分類の一つ目の区別は、このような意味での現世、つまりこの世界での快楽を肯定し、「ご利益」を追求することと矛盾しない宗教なのか、あるいはそうした世俗の論理の生きにくさからの「救済」を求める宗教なのかである。

もう一つの基準は、禁欲か、（神との）神秘的合一（瞑想《めいそう》）か、である。日本語の漢字をもとにして考えると、禁欲は欲望を我慢する、というくらいの消極的な意味に理解されやすい。しかし、ウェーバーの宗教社会学における禁欲は、たんに我慢するということではない。ある種の我慢が求められることには違いはないが、その我慢は、人間が神の「道具」として、定められた目的を合理的に実現するために、自らの生活を規律化することとの別表現である。受験勉強でも、野球の練習でも、仕事における目的の達成のためには、イマ・ココにおける享楽的な欲望充足を抑圧する必要が出てくる。禁欲とは、将来におけるなんらかの目的の達成と結び付けられた現在の（比較的わかりやすい）欲望の制限を指す。

ウェーバーはプロテスタンティズム研究などで、しばしばゲーテに言及する。ゲーテにおける「行為」と「断念」の結びつきを指して、彼はそれを「禁欲の根本モチーフ」（MWG I/18, S. 485.『プロ倫』三六四頁）と呼んでいる。人がなにかをなし、またなし遂げるためには、それ以外の可能性を諦めなければならない。ウェーバーが禁欲と呼ぶものは、目的達成のための意識的かつ積極的な断念と、生活の規律化である。こう考えると、禁欲という言葉は用いなくても、現代の私たちは、実に多くの禁欲を迫られて生きていることがわかる。

禁欲の対極にあるのが、瞑想、あるいは神的なものとの神秘的合一である。神秘論は、「容器」として人間を理解する。自らを「道具」として理解する人間が、よく生きようとすれば、その人は目的達成のためのよき「道具」として自らを鍛え上げ、その機能を能動的に果たそうとする。これに対して「容器」としての自己は、神ないし調和的秩序との感情的な「合一」に意味を求める。いまやどこのフィットネス・ジムでも行われているヨーガは、瞑想により神秘的な静寂にたどり着き、宇宙的なものとの感情的合一を実現するエクササイズである。ヨーガによって日常的なストレスから解放された経験をもつ人であれば、禁欲的、あるいは目的合理的な日常生活からくるさまざまな要求から、解放される体験を知っているだろう。こうした体験は見方によれば非合理ではある。しかしながら、こうした心境に到達するには、相当に意識的に、かつ方法的に合理化されたルーティンが求められる。この意味で神秘主義はきわめて合理的であり、そうでなくてはそれは不可能である。

なにか外部の目的を達成するための「道具」として自分の身体や生活があるのではなく、心が満たされるために現在がある。人間が神や摂理の「容器」である、ということは、まさに禁欲とは対極にある。

現世肯定か、現世否定か。禁欲か、神秘主義的瞑想か。この二つの基準によって宗教を分類すると、以下のようになる。

世界宗教

1. 現世肯定：儒教

2. 現世否定（現世との緊張関係、それからの救済）

a）禁欲（現世内禁欲、現世改造）：ユダヤ教、キリスト教、とりわけ禁欲的プロテスタンティズム

b）神秘的合一（現世逃避的瞑想）：ヒンドゥー教、仏教

現実の宗教的な現象は、こうした図式論では把握できない。キリスト教においても、マイスター・エックハルト（一二六〇～一三二八）など、神秘主義の思想家はもちろん存在した。「ユダヤ・キリスト教」的な伝統などという言い方で、ある特定の系譜を実体的に把握することには慎重でなければならない。そしてそもそも比較できない宗教的な観念を「世界宗教」の名のもとに、通約可能なものとして扱うことの問題はいくら強調してもしすぎることはない。「イスラームは政教分離ができていない」というような言説は、プロテスタンティズム的な宗教理解を前提とし、それをあまりに鈍感にイスラームに押し付けているともいえる。

また、ウェーバーが論じようとした「ヨーロッパ近代」がこの宗教の分類における禁欲的プロテスタンティズムによって言い尽くされるわけでもない、という点にも注意が必要である。すでに述べた「音楽社会学」の草稿では、禁欲的プロテスタンティズムについての記述はほとんど出てこない。このことは、『経済と社会』の重要な章の一つである『法社会学』についてもいえる。法の形式合理的な展開に、禁欲的プロテスタンティズムを関連づけることは不可能ではないが、少なくともウェーバーはそうした書き方はしていない。禁欲的プロ

テスタンティズムの思想史的な意義への注目は、ウェーバーの理論のなかで重要なものであったとしても、彼が抱え込んだいくつかのモチーフとは必ずしもうまく接合しない。この食い違いは統一的で、一義的な説明を拒否する。このため彼が描いた「ヨーロッパ近代」のスケッチは多様な解釈を許すことになる。

日本の位置づけと儒教

ウェーバーの著作が、とりわけ日本でよく読まれてきた、ということはすでに述べた。しかし、右で紹介したような比較宗教の図式論で、日本の位置づけは難しい。

『音楽社会学』で、ウェーバーは日本の音楽について、次のように述べている。「芸術音楽をもつ東アジアの諸民族の中では、封建制に組織化されていた日本人だけが、情熱的な表現を求めた結果、原則として半音階法《クロマーティク》を強く好んでいた」(MWG I/14, S. 159-160.『音楽社会学』四二頁)。日本の「エートス」を封建制から説明しようとする記述は『ヒンドゥー教と仏教』における短い日本についての節でも同じである。

日本人の生活態度の精神が持つ、我々の関連にとって重要な特性は、宗教的要因以外のまったく別の事情、つまり政治的社会的構造の封建的な性格によって作られている

(MWG I/20, S. 433-434.『ヒンドゥー教と仏教』三七八頁)。

要するに、日本社会のエートスは宗教以外の封建的な構造によって規定されているがゆえに、「宗教」社会学的な考察の対象ではない、ということである。

こうしたこともあり、ウェーバーのテクストを読みつつ日本について論じる人の多くが注目してきたのが、儒教についての記述であった。現世との緊張関係を可能なかぎり「ミニマム」にしようとした調和的な社会理論が儒教である、というのがウェーバーの理解である。儒教は、この現世のなかで、調和的な人格を形成することを目指そうとする。耐えがたい現世の現実からの救済を求めないという意味で、儒教は救済宗教ではなく、その意味で非宗教的な宗教ということになる。『儒教と道教』の結論部分にあたる「儒教とピューリタニズム」において、ウェーバーは次のように指摘する。

彼らの生活態度には、およそ「内面から」発する、つまり自己の内部に態度決定の中心があり、それによって規制されるような統一が欠如しており、無数の慣習の力によって作りだされている束縛が、根本的な対照を形づくっている（MWG I/19, S. 457.『宗教社会学論選』一七七頁)。

現世における生活を否定せず、そのまま受け入れるということ。そのうえで美しい調和のとれた人生を形成するということ。こうした生き方は、現世の因習を否定し、克服し、あるいは改造していこうとする態度には決して結びつかない。違う言い方をすれば、現世にある諸々《もろもろ》の利害や事情に順応し、その条件のもとでなるべくうまく身を処すという生き方がここでは支配的になる。伝統を批判的に問い直し、改造するという動機づけは、当然乏しくなる。もちろん、現世の論理と妥協しなかった宗教倫理は存在しない。少なくとも一部の宗教的な「達人」を除くならば、妥協は不可避である。しかし、そうした現実的な妥協と儒教的な順応はまるで異なる、とウェーバーはいう。

キリスト教倫理で世界的秩序との妥協を行ったものももちろんあったが、その妥協がどんなに緊密な場合でも、どれ一つとして、あの現世と個々人の超越的な使命とのあいだに存する悲観的な緊張感を、儒教における根本的に楽観的な現世主義の体系にみられるほど、徹底的に払拭しえたものはなかった（MWG I/19, S. 461.『宗教社会学論選』一八三頁）。

マックス・ウェーバーは、「二つの律法のはざま」や諸価値の葛藤と正面から向き合ってきた。そうした彼にとって、儒教の秩序観はかなりショッキングなものだったと想像できる。今日、日本語でウェーバーの文章を読んで、なんでここまでウェーバーは対立や葛藤や闘争を強調するのか、という違和感をもつ人は多いだろう。しかしその違和感と少なくとも同じ程度には、ウェーバーは儒教の世界観に驚きをもって対面していたはずである。

空気を読む

もちろんのことではあるが、ウェーバーは儒教的な世界で生活した経験があったわけではない。彼は宣教師らによって書かれた記録を読み、そこから理念型的な図式論を展開しただけである。とりわけ『儒教と道教』の結論部分にあたる「儒教とピューリタニズム」では、かなり極端な対比がなされている。さまざまな学派や見解の相違を軽視して、「儒教」という括《くく》りで議論することに、東洋思想の専門家は腹を立てるかもしれない。しかしある文化圏のなかにいて、その知的遺産を内側から考察するのと、比較の相のもとでものを考えるのでは、見え方は当然、異なってくる。ウェーバーが儒教とピューリタニズムを対比して論じている箇所を引用してみたい。

儒教の倫理も、ピューリタニズムの倫理も、ともに深い非合理的な根底をもっていた。が、それは前者においては呪術、後者においては現世を超越する神のどこまでも究《きわ》めがたい決断であった。ところで、呪術から帰結するものは伝統の不可侵性であった。もろもろの精霊の怒りを避けるために、経験ずみの呪術的手段を、究極においては、伝来の生活態度の諸形式を変更するようなことはとうてい許しえなかったのである。これに反して、現世を超越する神と、また被造物的に堕落し倫理的に非合理的な現世との関係から帰結するものは、逆に、伝統の絶対的な非神聖視と、そして、所与の世界を支配し統御しつつ、これを倫理的に合理化しようとする不断の勤労への絶対無制限な使命、要するに、「進歩」への合理的な即事象的態度であった。こうして、儒教における現世への順応は、ピューリタニズムにおける現世の合理的改造への使命と対蹠《たいしょてき》的な関係にあったのである（MWG I/19, S. 467.『宗教社会学論選』一九二頁）。

あまりに単純化された図式論ではある。歴史研究は「粗雑な図式主義」を覆そうとするし、そうした研究から学ぶことは多い。しかし図式論を否定するその研究者だけは、いかなる図式からも自由である、というわけではない。自分が背負っている文化的背景をとくに意識しないで暮らしている人にとっては、ウェーバーの比較から学ぶことは少なくない。もしこうした儒教的な道徳が広く受け入れられているとすれば、ある一定の信条を根拠にした権力に対する「抵抗」は難しく、また支持も広がりにくいということになる。

なぜ権力批判が好まれないのか。それがいかに理にかなったものであっても、なぜ抵抗は忌避されてしまうのか。空気を読み、周りに合わせるような「コミュ力」が重視されるのはなぜか。

文化や宗教的な伝統を宿命論的に語ることにはよほど慎重になった方がよい。しかし、生き方の理想、振る舞いの類型、そして社会のイメージを、私たちはなんらかの伝統から汲み上げていることも否定できない。なんとなくしっくりくるのは、そうした思考の枠組みにフィットするので安心するからではないか。

信仰を根拠にした現世改造に親和的な禁欲的プロテスタンティズムと対比することで、儒教的な体制順応の傾向が明らかになる。デイヴィッド・リースマン（一九〇九～二〇〇二）の『孤独な群衆』（一九五〇年）は、こうした図式論を大衆社会論として展開したものとして読むことができる。リースマンは「伝統指向型」「内部指向型」「他者指向型」の三類型を提示する。伝統を根拠にしてそれに従うことで成り立つ社会は、ピューリタンのような「内部指向」の行為様式によって打ち破られる。ここでは禁欲により、自己の生き方を方法的に規律化する傾向が、伝統を遵守することを妨げるからである。

プロテスタンティズム文学の代表的な作品である『失楽園』（一六六七年）で、ジョン・ミルトン（一六〇八〜一六七四）が描いたように、ピューリタンたちにとって世界は順応すべきなにかではない。

〔…〕必要なことは、ただひたすらお前の
知識に、それにふさわしい行為を加え、信仰を加え、美徳と
忍耐と節制を加え、さらに、やがて聖き愛《チャリティ》という名称で呼ばれる
はずの、そして他の一切のものの魂でもある愛を、加えることだ。
そうなれば、お前もこの楽園《パラダイス》から出てゆくことを嫌とは
思わないであろう。自分の内なる楽園を、遥かに幸多き楽園を、
お前はもつことができるからだ。

（『失楽園』下、三〇五頁）

楽園を追われた彼らは、まさにその世界で、その世界を改造することで、そこを「幸多き楽園」にしなければならない。その根拠はあくまで内面の信仰にあった。
ところがリースマンによれば、このような「内部指向」によって特徴づけられてきたアメリカの社会規範は、産業化の時代に変容することになる。まさにウェーバー自身が『プロテ

スタンティズムの倫理と資本主義の精神』で描いたように、宗教的な動機で遂行された世界の合理的な改変と近代的な資本主義の展開は、そのプロセスのなかで宗教的なモチベーションを失っていく。これとパラレルに、リースマンは「内部」ではなく、周りの「空気」に合わせ、それに同調する振る舞いが支配的になっていくという。彼はこうした人間類型を「他者指向型」と呼ぶ。リースマン自身はそのような表現をしているわけではないが、ウェーバーの宗教社会学の図式論でいえば、これはピューリタニズム的世界から「儒教」の方向への変容といえる。

オリエンタリズムと「アジア的価値」

ウェーバーは現世との緊張関係を首尾一貫して除去した点に注目して、儒教を特徴づけた。こうした緊張関係は、彼が文化比較をするときの中心的なモチーフである。「西洋」(Occident) を論じるときも、これが基本的な視角になる。のちの講演「仕事としての政治」で、彼は「君主の権力を完全に排除するか、大幅に制限して、(いわゆる)「自由な」共同体として政治的に自分たちを構成した〔共和主義的な〕政治的団体」を「西洋」の特徴としている。

ここでの「自由」は、暴力的な支配からの自由という意味ではなく、伝統によってレジティマシーがあるとされる（たいがいは宗教的に聖化された）あらゆる権威の独占的な起源としての君主権力がない、という意味です。こうした政治的団体が歴史的にその故郷をもっていたのは、なんといっても西洋であり、その萌芽《ほうが》は政治的団体としての都市でした。都市は、こうしたものとして、まずは地中海文化圏に登場したのです（MWG I/17, S. 169.『仕事』一〇九頁）。

その支配圏でしか妥当しない、ある特殊な物語（伝統）に依拠した単一支配がない、というところを、ウェーバーは「西洋」のメルクマールとして強調する。したがって、彼は「西洋にのみ」生まれた現象の例として、デマゴーグを挙げる。デマゴーグという語はほとんどの場合、悪い意味で使われるが、ウェーバーはむしろ積極的な意味をこの語に付与する。

こうした議論の筋は、ウェーバー固有のものとはいえない。たとえばモンテスキュー（一六八九～一七五五）は、『法の精神』（一七四八年）の「イギリスの国制について」（第一一編第六章）で、次のように書いている。権力分立についての有名な一節である。

同一の人間あるいは同一の役職者団体において立法権力と執行権力とが結合されるとき、

自由は全く存在しない。なぜなら、同一の君主または同一の元老院が暴君的な法律を作り、暴君的にそれを執行する恐れがありうるからである（『法の精神』上、二九一頁）。

ここでモンテスキューは、統一的・集権的な権力の主体が不在であることを、政治的な不安定という負の要因ではなく、むしろ「自由」という観点から積極的に解釈しようとする。そしてこうした国制を「専制」と対置する。モンテスキューの政体の類型論は、ヨーロッパの内部でなされているわけではない。「中国は専制国家であり、その原理は恐怖である」（第八編第二一章）と彼はいう。彼の政治思想は非「西洋」を強く意識することで成り立っている。もちろん、モンテスキューの「専制」論は「東洋」にのみ当てはまるものではなく、当時のフランスの絶対王政への批判も含んでいた。また、彼はそれほど単純に国制の優劣を論じているわけでもない。しかし「東洋的専制」をネガとして、ヨーロッパのアイデンティティを確立するという構図は、のちの世代によって強化されていく。そしてこうした枠組みを、ウェーバーもかなりのところ引き継いでいる。

しかし、今日、「ヨーロッパの先進性」という言説は急速に色あせつつある。グローバル化が進むなかで、世界はどこも似てきている。経済・社会的な格差・貧困は、日本に特有の問題ではなく、フランスやイギリスの問題でもある。また、ポピュリズム的な現象は、世界のさまざまな地域で確認できる。もしそうであるとすれば、上で挙げた「権力の偏重」をめぐる議論も、西洋／非西洋（東洋）という心理的な地理概念と関連づけて論じる必要はない。むしろこうしたかなり恣意的な区分けを持ち込むことの方が批判的に検討されるべき、ということになるだろう。

エドワード・サイード（一九三五〜二〇〇三）は、西洋／東洋を区別する思考を「オリエンタリズム」と呼び、それは「オリエントを支配し再構成し威圧するための西洋のスタイル」であるとした。こうした視点から、ウェーバーを典型的な「オリエンタリスト」と呼ぶことは可能であり、少なくともそうした議論に動員される危険性をもっていることは認識しておくべきである。

東洋に対する西洋の特徴を、さまざまな価値の多元的な並存によって明らかにしようとし、かつこの点に東洋に対する西洋の優位をみる、という議論は、東洋／西洋の二元論でくりかえされてきた。そして日本でウェーバーを読んできた読者は、この図式をしばしば強化してきた。近代ヨーロッパにはあるが、アジアには「欠如」している、という議論では、必ずといってよいほどに、ウェーバーが引用されてきた。

さらに、別の角度から、いわゆる「アジア的価値」論はヨーロッパ目線でのアジアの語り方に疑問を呈している。「デモ」と「ロー」という二人の登場人物の対話という形式で書かれたダニエル・A・ベル（一九六四〜）の『東洋が西洋と出会う』（邦題は『「アジア的価値」とリベラル・デモクラシー』）という本がある。宗教戦争の経験から市民的な権利が尊重されることが求められるようになった、とする見解に対して、筆者のベルは登場人物の「ロー」に次のように発言させている。

私が指摘したいのは、他の地域はそういう歴史〔宗教戦争〕を経験していないという明らかな事実だ。例えば、中国では、欧米のように、競合する利害や道徳観念の承認を最重要の政治的目標とする政治制度を考案する必要がなかった。全く反対なんだ。歴史的に中国人は、政治権力のもたらす実質的な道徳的合意に大きな価値をずっと置いてきた（『「アジア的価値」とリベラル・デモクラシー』一五八頁）。

東アジアは近代ヨーロッパのような深刻な宗教戦争の経験がないので、そうした経験に由来する厳格な政教分離原則や人権の観念はそぐわない。こうした議論を支えるリアリティは、価値をめぐる争いを「不毛」とみなす世界イメージと相関している。そうであるとすれば、「近代的な価値観」やそれからの撤退について論じるためには、そうした「近代的価値観」を生み出し、それに説得力を与えていたものにこそ目を向けなければならない。ウェーバーがピューリタニズムとの対比で論じた儒教論は、まさにこうした作業であった。

儒教は世界を調和的な全体としてみるので、いまあるものを肯定する。これに対して、ピューリタニズムは非合理な世界と戦い、それを改造しようとする。このため前者では「呪術の園」が温存され、後者では現世改造がなされる。「空気を読む」ことに関連してすでに述べてきた図式であるが、これは典型的なまでに「オリエンタリズム」の議論であるといえる。この図式に反する事例を挙げることはあまりにたやすい。

しかしながら、比較するという作業そのものを放棄し、批判的な比較を拒否して、「ありのまま」が無批判に持ち上げられるとすれば、こちらの方こそ問題である。ヨーロッパの研究者が「オリエンタリズム」という概念を用いて自らの観点について批判的な検討をすることと、非西洋の読者が「オリエンタリズム」を論じることには、立ち位置の違いからくるズレがある。後者の場合、「オリエンタリズム」を語り、これを告発することが、ナイーブな自国・自文化中心主義に行き着くことにもなりかねない。ウェーバーの比較宗教社会学的な考察は、サイードの「オリエンタリズム」論によって克服されたということは可能かもしれない。しかしそのことは、とりわけ非西洋の読者にとって、ウェーバーのテクストを読むことが無意味になったことを意味するわけでは決してない。

第六章　反動の予言

――ウェーバーとナチズム

ここ〔ミュンヘン〕では、一九一九年春の共産主義的な政権〔レーテ共和国政府〕のゆりもどしがまだとても強く、私自身も学生団体のデモンストレーションにさらされています〔…〕。大学の雰囲気は極端に反動的で、それればかりかラディカルに反ユダヤ主義的になってしまっています。

(MWG II/10-2, S. 883. 一九二〇年一月九日付、ウェーバーからジェルジ・ルカーチの父への手紙)

関連年表

1917	5月29日～31日、9月29日～10月3日　ラウエンシュタイン城で文化会議
1918	11月3日　キールで水兵たちが反乱。11月8日　アイスナーを暫定首相とするバイエルン共和国成立。11月9日　シャイデマンがドイツ共和国の樹立を宣言。11月10日　ヴィルヘルム二世が退位し、オランダに亡命
1919	1月18日　パリ講和会議開催。1月19日　ドイツ国民議会選挙
	1月28日　講演「仕事としての政治」
	2月3日～4日　ウェーバー宅で「正義の政治のためのワーキンググループ」。2月11日　エーベルトがワイマール共和国初代大統領に。2月21日　アイスナー暗殺
	4月6日　バイエルン・レーテ共和国成立（5月3日崩壊）
	6月16日　トラーの弁護のため出廷
	8月14日　ワイマール憲法公布
	9月　ドイツ労働者党（のちのナチ党）にヒトラーが入党
1920	ケルゼン『民主主義の本質と価値』
	3月12日　カップ一揆
	6月14日　マックス・ウェーバー死去
1923	11月8日　ミュンヘン一揆
1929	10月24日　ウォール街で株価大暴落（世界恐慌）
	マンハイム『イデオロギーとユートピア』
1930	9月14日　ナチ党、選挙で第二党に躍進
1933	1月30日　ヒトラー首相に

急進化するミュンヘン

一九一八年一一月三日、キール軍港で水兵が反乱を起こす。これに端を発し、一一月九日には、ベルリンでシャイデマン（一八六五～一九三九）がドイツ共和国の樹立を宣言した。翌日の一〇日にはヴィルヘルム二世が退位して、オランダに亡命した。

ベルリンよりも一足早く、バイエルンでは一一月八日に、クルト・アイスナー（一八六七～一九一九）を暫定首相とするバイエルン共和国が成立した。アイスナーはユダヤ系ドイツ人の文筆家で、倫理的な社会主義者であった。第一次世界大戦が勃発した当初は戦争を支持していたが、このときにはラディカルな平和主義者に転じていた。

マックス・ウェーバーが有名な講演「仕事としての政治」を行うのは、一九一九年一月二八日、アイスナー政権下のミュンヘンにおいてだった。彼はクルト・アイスナーに徹頭徹尾、批判的であった。バイエルンの自由学生同盟が彼に「仕事としての政治」の講演を依頼してきたとき、ウェーバーは当初、難色を示した。「仕事としての学問」の依頼は早々に引き受けたのに対して、「政治」の方は「自分は政治家ではない」といって躊躇《ちゅうちょ》したという。しかし、ウェーバーが断るのであれば、アイスナーに講演を頼む、とある学生に迫られて、それならば自分が引き受ける、という話になった（Birnbaum, *Achtzig Jahre dabeigewesen*, S. 80-81. 安藤英治『回想のマックス・ウェーバー』一三三〜一三四頁）。ウェーバーを口説き落としたその学生はイマヌエル・ビルンバウム（一八九四〜一九八二）で、のちにジャーナリストになって『南ドイツ新聞』で活躍した。

一九一九年夏学期にウェーバーはルヨ・ブレンターノの後任として、ミュンヘン大学から招聘される。同時にボン大学などからもオファーを受けていたが、彼はバイエルンのミュンヘンを選んだ。エルゼ・ヤッフェとの関係は一時期、途絶えていたが、この頃には修復されていた。彼女がミュンヘンに住んでいたという事情も、この選択に影響を与えたものと考えられる。

長らく教壇を離れていたウェーバーが復職したのには、やはり経済的な理由が大きかった。ハイデルベルクにあるウェーバーの家は、ネッカー川を望む一等地にあり、ハイデルベルク旧市街のなかでも格別なロケーションにあった。母方のファレンシュタイン家が所有していたものを、一九一〇年にウェーバーが譲り受けたものだった（いまでは「マックス・ウェーバー・ハウス」と呼ばれ、ハイデルベルク大学の留学生センターとして使われている）。これに対してミュンヘンでは、比較的慎ましやかな部屋を借りた。彼が最後に引っ越したのは、一九一九年一二月、ゼー通り（Seestraße）一六番にある作家のヘレーネ・ベーラウ（一八五六〜一九四〇）の家だった。彼はその一室を間借りする。

マリアンネはこの家についてこう書いている。「この環境はハイデルベルクの家の広々とした感じにくらべれば狭かったが、親しみがあり、乏しい時代にふさわしく――つつましく――生きようというウェーバーの已《や》みがたい願望にかなっていた」（『マックス・ウェーバー』五〇〇頁）。そして、ウェーバーはこの家で亡くなることになる。

ゼー通りはミュンヘン大学から徒歩一〇分ほどの、静かな住宅地にある。しかし、ウェーバーはここで心穏やかに暮らしていたのかといえば、そういうわけでもなかったようだ。安藤英治がヘレーネ・ベーラウの息子で、当時この家に住んでいたヘルマン・ベーラウから聞いた話を伝えている。ウェーバーはちょっとした音にもとても敏感で、家のいたるところに張り紙を貼っていたという。

一時から三時までは休憩。
電話をかけるな。
ベルも鳴らさぬこと。

このためヘルマン・ベーラウは、買い物に出かけて昼すぎに帰宅すると、三時まで家の前を行ったり来たりして時間を潰さなければならなかったという〔安藤英治『ウェーバー紀行』一八〇頁〕。これは大家に対する下宿人の態度ではない。精神的な病はかなりましにはなっていたとはいえ、それでもかなりピリピリした緊張状態で暮らしていたということだろう。

それにしてもこの当時のミュンヘンには、多くの革命家やアナーキスト、そして芸術家が住んでいた。講演「仕事としての政治」が開催されたのは、シュヴァービングにある本屋シュタイニッケであったが、この近くには詩人のリルケや画家のカンディンスキーらが住んでいた。また、のちにフランクフルト学派の代表的な論者として活躍するマックス・ホルクハイマーも、当時ミュンヘン大学の学生だった。一九六四年にハイデルベルクで開催されたウェーバー生誕一〇〇年記念シンポジウムの席で、ホルクハイマーは次のように回想している。

私はマックス・ウェーバーのいう意味での没価値性〔価値自由〕を、一九一九年にミュンヘンで、彼の学生として学びました。私は私の多くの友人達と同様、ロシア革命を理解することに非常に深い関心をもっていました。〔…〕そうした状勢の中で、マックス・ウェーバーは講義の中でレーテ〔評議会〕制度について語ったのです。講堂は超満員でした。そして、結果はひどい幻滅でした。〔…〕そのすべてが実に正確で、学問的に厳密で、かつ没評価的なものだったものですから、私達はひどく悲しくなって、家路についたのでした（『ウェーバーと現代社会学』上、一〇三〜一〇四頁）。

強い実践的な関心をもった学生たちが、ウェーバーの講義を聴きにきていた。しかし、両者の溝はかなり深かった。ホルクハイマーの回想は、この断絶感をよく示している。なお、ウェーバーがミュンヘン大学で教えたのは、結局三セメスターだけであった。彼が担当した講義のテーマは次の通りである（MWG III/3, S. 431）。

一九一九年夏学期　社会科学の一般的カテゴリー
一九一九／二〇年冬学期　普遍的社会・経済史概要
一九二〇年夏学期　一般国家論と政治（国家社会学）
　　　　　　　　社会主義（導入講義）

ホルクハイマーがミュンヘン大学に在学したのは一九一九年の夏学期だけで、彼はその後フランクフルト大学に移っている。こうした情報からすると、ホルクハイマーが聴講し、がっかりした講義は、「社会科学の一般的カテゴリー」ということになる。

公文書と情報公開のポリティクス

クルト・アイスナーがバイエルン共和国で権力を掌握し、一〇〇日ばかりの短い政権期間に行ったことの一つが、情報公開だった。一九一八年一一月二三日、彼はバイエルンの旧政府が保有していた開戦に関する情報を公開した。アイスナーはこれによってドイツの戦争責任を認め、革命政府のレジティマシーを示そうとした。

アイスナーはカント主義者だった。このため彼にとっては、秘密外交から公開性の原則へ、という方針は自然だったのかもしれない。しかし、それ以上に重要なことは、前政権の秘密外交を暴露することの政治的な効果の大きさであった。おそらくアイスナー自身が予期していた以上に、公文書を暴露する政治的効用は大きかった。この情報公開は、国内外の世論の注目を受けることになる。政治的な争いのなかでは、非公開だった情報の公開がときとして有力な武器になることを、アイスナーは世に示すことになった。

公文書の保存、あるいは隠蔽や改ざんといった問題が取り沙汰されている今日、公的なドキュメントの扱いがきわめてポリティカルな案件であることは、ほぼ常識に属す。しかし、この時代はそうではなかった。それだけに衝撃も大きかった。

クルト・アイスナー

マックス・ウェーバーは、公文書の公開、ないし暴露に、きわめて否定的な反応を示した。彼は次のように述べている。

戦争は、その終結とともに、少なくとも道徳の上では埋葬されなければ、何十年後かに公文書が明るみに出るたびに、品位のない金切り声、憎悪、そして怒りが息を吹き返すことになります（MWG I/17, S. 232.『仕事』一八七頁）。

引き出された結論は、こうでした。すべての、とりわけ自国〔の国益〕を害する公文書を公開すること、そしてこうした一方的な公開に基づいて、一方的で無条件に、結果を顧慮せず罪の告白をすること。政治家であれば、結果として次のように考えます。こうした方法では、結果として、真実は明らかにされない。むしろ、情念が濫用され、解き放たれることで、確実に真実は曇らされてしまう。成果が出せるのは第三者によるあらゆる角度からの計画的な確認作業によってのみだ（MWG I/17, S. 236.『仕事』一九四頁）。

突然、明るみに出される情報は、人々の情動に働きかけ、炎上を引き起こす可能性がある。このためウェーバーはアイスナーによる公文書の公開に否定的だった。

マックス・ウェーバーは、官僚制的な組織のメルクマールとして「文書主義」を挙げたことで知られている。しかし、彼が官僚制における文書に注目するのは、大規模で、複雑な業務を遂行する組織内のマネージメントという観点からである。取り決めやルール、またはマニュアル的なものを内部のメンバーで共有し、担当者の恣意性を排除するためには、やはり文書とその管理が必要となる。

官僚制的な組織においては文書が不可欠である、としつつも、ウェーバーには蓄積された文書を外部に対して公開する意識は低かった。公文書の暴露合戦や公文書と称するものを最終的な論拠にするスキャンダル報道への危惧はあっても、公文書を公開する積極的な意義を評価することはない。ここで積極的な意義というのは、あとから説明を求められて答えに窮するような行為を権力保持者に思いとどまらせる、という権力抑止効果や、政策決定のプロセスをたどり、ある政策の決定とその決定の仕方が適切であったのか、あるいは別の可能性がなかったのかを再検討するための素材を残す、という歴史的な資料という意味である。ウェーバーの政治論においてはくりかえし「責任」が語られる。しかし彼の「責任」はある政治的行為の「結果」に対するそれであり、日本語で今日、用いられているような意味での「アカウンタビリティ」（説明責任）ではない。

日本で二〇〇九年に成立した公文書管理法の第一条には、公文書は「健全な民主主義の根幹を支える国民共有の知的資源」とある。こうした視点はウェーバーにはない。むしろ情報公開が「国益」を大きく損なうという点に、彼は目を向けていた。これはアイスナーを引き摺《ず》り下ろすことになる多くの右派と共通するものだった。

しかしそれでも、文書公開についてのウェーバーの議論にはなおも傾聴すべき点がないわけではない。ある断片的な文書が出てくることによって、なんらかの結論が出る、ということはありえない。「事実をして語らしめる」（MWG I/17, S. 97.『仕事』六〇頁）という姿勢を、ウェーバーがいかに執拗《しつよう》に批判したのかについてはすでに論じた。文書でも、映像でも、ボイスレコーダーでも、文脈から切り離された「エビデンス」が必要以上に大きなセンセーションを巻き起こしてしまうことがある。ウェーバーが投げかけた公文書の公開をめぐるポリティクスという問題は今日、ますます重要になっている。

信条倫理と責任倫理

講演「仕事としての政治」で、ウェーバーは責任倫理と信条倫理という二つの対抗する政治の論理について論じた。前者が自分の行為の「結果」に責任を負うことを求めるのに対して、後者は「信条」の炎を灯《とも》し続け、たとえ現実的な政治闘争では敗北しても、その理念を貫くことを求める、というのがおおよその意味である。

後者の信条倫理の原語はGesinnungsethikで、これは「心情倫理」と訳されることもある。ただ、Gesinnungはある大義に対する一定の確信に基づいたコミットメントを指し、「心情」のように論理性が欠如している、という含意はない。このため私は「信条」という訳語を当てる。英訳では、ethic of ultimate ends, ethic of principled conviction, ethic of single-minded convictionなどと訳されている。

ミュンヘンの学生たちを前にして、ウェーバーがこの対となる概念について論じたのには、もちろん理由がある。会場でウェーバーの講演に耳を傾けていた若い学生の多くは急進的な変革を求めていた。ウェーバーはアイスナーのような政治家を信条倫理という概念で説明し、そうした政治家の問題を明らかにしようとした。いくら正しい信条をもち、それに基づいてブレずに行為する政治家が「英雄」的であったとしても、結果として事態をさらに悪くしてしまうことがある。これが、ウェーバーが突きつけた問題であった。

開戦文書の公開など、アイスナーの行為が偽りのない反戦主義にして、カント主義の立場からくるものであったとしても、その「結果」は、一九一九年一月に始まったパリ講和会議での交渉を難しくした。ウェーバーが予期した通りだった。二月三日、四日、ハイデルベルクのウェーバーの家で「正義の政治のためのワーキンググループ」が開催され、五月にはウェーバー自身もヴェルサイユ条約に対する反対声明準備のためパリに招集される。しかし、こうした努力はほとんど報われることがなかった。

クルト・アイスナー自身も、一九一九年二月二一日に暗殺されることになる。彼の信条倫理は国内の「反動」的な動きを活発化させた。そうした流れのなかで、右翼の貴族青年将校アントン・グラーフ・フォン・アルコ・アオフ・ファーライ（一八九七〜一九四五）がアイスナーを刺した。ドイツが戦争に負けたのは、戦場で敵に打ち負かされたからではなく、勇敢に戦っている兵士を、国内にいるユダヤ系の左翼が背後から攻撃したからだ、という「匕《あい》首《くち》伝説」の矛先は、もちろんアイスナーにも向けられていた。そしてこの「匕首伝説」はヒトラーの登場にまでつながっていく。

ウェーバーはアイスナーの信条倫理的な政治には否定的であり、政治家としてのアイスナーを厳しく糾弾していたが、それでも少なくとも彼を暗殺したアルコを擁護することはなかった。暗殺の一年後、死刑宣告を受けていたアルコは恩赦を受ける。その数日後のウェーバーの講義の模様について、一九二〇年一月二一日付の日記で、トーマス・マン（一八七五〜一九五五）は次のように書いている。

エーリカは大学での事件を報告、マックス・ヴェーバーがアルコを非難する演説を行ったところ、聴衆の非難轟々《ごうごう》で、ヴェーバーがふたたび登壇すると、大変なブーイングによって迎えられたため、学長が呼ばれて、講義をお開きにしなければならなくなったとのこと。学生の反革命的、民族主義的な信念〔Gesinnung〕は私を根本的には満足させる。アルコが阿呆《あほう》であり、こうした信念をもった個々人がならず者であろうとも（『トーマス・マン日記 1918-1921』四六三頁）。

エーリカ（一九〇五〜一九六九）はトーマス・マンの娘である。彼女はこの当時、ミュンヘン大学の学生で、ウェーバーの講義に出ていた。会場は、ミュンヘン大学のメイン・エントランスを入ってすぐの大教室だった。このエントランスの広間は、のちに「白バラ」を名乗ったショル兄弟たちがヒトラー批判のビラを撒《ま》くことになる場所である。ウェーバーの講義は、学生のブーイングによって続行不可能になったといわれている。エーリカ・マンが父に語った話は、これを裏付けている。

アイスナーを支持する信条倫理に傾倒する学生たちに対して、ウェーバーは責任倫理の立場に立って発言した。彼は責任倫理の思想家として、リアリズムの系譜に位置づけられることになる。しかし両倫理の対立は「底知れぬほど深い対立」で、どちらが上とか下とかいうことではない、ともいっている。もし時代や状況が異なり、目の前にいる聴衆が「現実主義」的に思考し、行為する傾向にあったとすれば、ウェーバーは同じことを、同じように話したであろうか。これは考えてみる価値がある問いである。

丸山眞男は「現実」主義の陥穽《かんせい》について、次のように述べている。この指摘は責任倫理にも当てはまる。

> 現実とは本来一面において与えられたものであると同時に、他面で日々造られて行くものなのですが、普通「現実」というときはもっぱら前の契機だけが前面に出て現実のプラスティックな面は無視されます。いいかえれば現実とはこの国では端的に既成事実と等置されます。現実的たれということは、既成事実に屈伏せよということにほかなりません（『丸山眞男集』第五巻、一九四～一九五頁）。

ベルリンの壁が崩壊したあと、経済についても、政治についても、ユートピアが語られることがなくなった。もはやイデオロギーの時代ではない、そうした時代は終わった、といわれてきた。現実主義的に考えることが求められ続けている。しかし「現実」の名のもとで、私たちは圧倒的に拡大する経済格差や、軍事費の増大、核兵器の拡散、あるいは環境破壊を黙認し、追認し、支えてしまってはいないか。

国際政治学者の遠藤誠治《えんどうせいじ》（一九六二〜）は次のように書いている。

国際政治学は、現実を分析する学問だが〔…〕夢のようなことを考えることこそが、現実的だと思われるような状況にわれわれは生きている。実際に戦うにはコストが巨大すぎて耐えられないような戦争の準備のために膨大な金額を費やし続けることが現実的なのではなく、格差の是正や貧困の削減に取り組むことの方が現実的なのではないだろうか（『教養としての政治学入門』一二九頁）。

今日、「現実的」という言葉を使うときには、相当に用心深くなければならない。国防についての「現実的」とされる政策が、近隣諸国の相互不信を増し、互いの軍事力の拡大を促し、憎悪の連鎖を生んでいくことは、まったく珍しいことではない。資源小国である日本の「現実的」なエネルギー政策として推進されてきた原子力発電は、その内部の関係者が信じるほどに「現実的」だったのかどうか。環境についての信条倫理的な異議申し立てを信条倫理にすぎないとして振り払うことは、それほど「現実的」だったのかどうか。

ウェーバーは信条倫理にも責任倫理と同格の地位を付与し、少なくとも政治理論的なレベルでは、信条倫理を一方的に破棄することはなかった。彼が責任倫理を一方的かつ一面的に称揚しなかったのには、「現実主義」にかかわる問題への認識があった、と解釈することができるだろう。

さらに、ウェーバーによる信条倫理の評価については、次のような視点からも理解することができる。その視点というのは、宗教的なカリスマである。たとえ目の前の政治闘争では敗北しても、あるひとの信条倫理的な言行がその敗北に無力にも涙することしかできなかった誰かの記憶のなかで燻り、なんらかの仕方で別の誰かに引き取られることがある。ウェーバーはイエスや仏陀《ぶっだ》や聖フランチェスコのような宗教的なカリスマに言及する。彼らは、世俗の領域ではみな敗北した。しかしそれとは別の次元で、彼らは世界を変えた。信条倫理にはそうした含意もある。ウェーバーが政治の話をしているのに、くりかえし「山上の垂訓」に言及するのも、こうした理由からである。

今日、世界的にリベラル・デモクラシーの衰退が論じられている。まさにこのテーマを扱ったヤシャ・モンク（一九八二〜）の『民主主義を救え！』（*The People vs. Democracy*）の最終章「信念のために戦うこと」（**Fighting for Our Convictions**）は、「もし私が自分の行為が成功するかどうかを常に計算して行動するならば、正しい行いはなし得ない」という「ストア派の教え」で結ばれている。これは、責任倫理への懐疑の表明であり、信条倫理の勧めでもある。ワイマール憲法が成立する直前の時期に、ウェーバーが結果に対する責任を主張するのには大きな意味があった。しかし状況が異なれば、求められる行為のあり方も変わらざるをえない。

このように信条倫理と責任倫理の対抗関係は、一筋縄ではいかない。ただそれでもこのとき、一九一九年冬のミュンヘンに集っていた信条倫理的な若い世代に対して、ウェーバーはあくまで大人の責任倫理の人として向き合った。

比例代表制とドイツ民主党

アイスナーの信条倫理を批判するウェーバーは、同じ理由から、ドイツ社会民主党を離脱し、急進化していったカール・リープクネヒトとローザ・ルクセンブルクにも懐疑的であった。一九一九年一月四日にカールスルーエで行われた講演で、ウェーバーは「リープクネヒトは精神病院、ローザ・ルクセンブルクは動物園行きだ」(MWG I/16, S. 441) と、本当にひどいことをいっている。彼らスパルタクス団にシンパシーをもつラディカルな若者層は、当然のことながら、こうしたウェーバーの態度に腹を立てた。

日本では、マルクス主義者がウェーバーを読むということが、ごく当たり前に行われてきた。東北大学でも教えたカール・レーヴィット（一八九七〜一九七三）による小著『ウェーバーとマルクス』（一九六六年）は広範な読者を得た。また、「ヴェーバーとマルクス」という副題をもつ、大塚久雄の岩波新書『社会科学の方法』（一九六六年）はベストセラーになった。社会主義革命に先立って、ブルジョワ民主主義革命が必要だと考える、いわゆる「講座派」がマルクスとウェーバーをともに受け入れるプラットフォームになった。「講座派」という名称はこの見解が示された岩波書店の『日本資本主義発達史講座』（一九三二〜三三年）に由来する。

これに対してドイツでは、ウェーバーに対して批判的な左派の知識人も少なくない。『歴史と階級意識』を書いて、マルクス主義とウェーバーを媒介したルカーチとともに、ハイデルベルクのウェーバーの家にもたびたび訪れていたエルンスト・ブロッホ（一八八五〜一九七七）も、しばしばウェーバーと衝突した。

戦後、東西ドイツに分断されることで、マルクスとウェーバーの対抗関係は政治的にも強まっていく。西ドイツでウェーバーのリベラリズムを評価することは、東の社会主義への批判という意味をもったし、東ドイツのメインストリームの研究者がブルジョワ社会科学者のウェーバーを評価する理由はなかった。

では、ウェーバーの政治的・党派的な立場はどこになるのかといえば、それはドイツ民主党（DDP）ということになる。一九一八年に彼は友人のナウマンらとともに、この政党の結党にかかわっている。そして一九一九年一月一九日に行われた憲法制定のためのドイツ国民議会選挙で、ウェーバー自身もこの党から立候補している。ただし、当初はバーデンの筆頭候補（比例代表名簿一位）の予定であったが、比例名簿の上位をめぐる党内の争いに無関心でいるあいだに、当選の見込みのない順位にされ、彼が政治家になる可能性はなくなった。

彼はすでに時事論文のなかで、比例代表制という選挙制度は、リーダーシップを阻害するとして、この制度に批判的な立場を表明していた。そして、国民議会選挙の直後に行われた講演「仕事としての政治」でも、同様の主張をくりかえしている。強い使命感とリーダーシップの能力をもつ政治家ではなく、党内の人事とカネを掌握した「ドン」（外からはみえにくいところで影響力を行使する黒幕）のような人物が暗躍するであろう、というのがウェーバーの危惧であった。彼自身が政治家としてどれほど卓越した人物だったのかについては、よくわからない。妻のマリアンネは、マックスこそ大統領になるべき人だと思っていたらしい。しかし、比例名簿の下位になってしまうほど、彼が「政治音痴」だったとすれば、この政治的失脚は選挙制度やドンによる支配の問題ではない。少なくともそれだけではないだろう。

ドイツでは一九一九年一月の憲法制定国民議会選挙から、比例代表制が導入され、ワイマール憲法二二条で正式に「比例代表制の原則」が明記された。そしてオーストリアでも、憲法の起草を任されたハンス・ケルゼンが主導して、一九二〇年のオーストリア憲法で比例代表制が導入されることになる。

議席を諸マイノリティ集団の比例割で配分するというのは、一つの「民主的」な方式である。しかしこの原理がワイマール共和政における小党分立を招き、政局を不安定化し、さらにはヒトラーに政権を委ねることにつながったのではないか。比例代表制にはこうした批判がつきまとうことになる。そしてこの疑念は、比例代表制では政治的リーダーシップが損なわれる、というウェーバーの主張の正しさを認めることと、ほぼ同義である。ただ、小党分立を避けるためには、戦後の西ドイツで導入されたように、一定の阻止条項（五パーセント以上の得票がなければ、議席配分しないなどの）を設ければよい、という反論もありうるだろう。いずれにしても、選挙制度のポリティクスは、第一次世界大戦後の「戦後」構想において重要なトピックとなった。

ウェーバーによる比例代表制批判は、日本の選挙制度改革をめぐる議論にも影響を及ぼした。一九八九年に発足した第八次選挙制度審議会の委員だった佐々木毅《ささきたけし》は、小選挙区制を中心とする小選挙区比例代表並立制を支持するとき、マックス・ウェーバーを意識していたと証言している。

さて、ウェーバーが立候補したドイツ民主党は、ワイマール共和国において中央党、社会民主党とともに、共和国を支える。しかし、このレジームが不安定になったのは、議会制を否定する左右の勢力が台頭するなかで、これらの三つの政党が議席を大きく減らした結果であった。とくにドイツ民主党の凋落《ちょうらく》は甚だしかった。この政党の衰退は共和国の運命を象徴するものであった。

中央党の支持基盤はカソリックであり、社会民主党の基盤は労働組合を中心にする労働者であった。これに対してドイツ民主党はリベラルな知識人と財界人、そしてミドルクラスによって支えられていた。しかし民主党はしだいにミドルクラスの支持をつなぎとめておくことができなくなる。ミドルクラスは、ドイツ中間層帝国党などに流れていった。この政党は、ミドルクラスの利益を守るため、という名目で、ナショナリズムを前面に出し、反民主的・権威主義的な路線をとることで、ドイツ民主党の支持を奪った。

フランクフルト学派の哲学者ヘルベルト・マルクーゼ（一八九八〜一九七九）は、第二次世界大戦中にアメリカの中央情報局（CIA）の前身組織である戦略情報局（OSS）で執筆したレポート「ドイツにおける旧政党の再建と新党の立ち上げについての政策」で、ドイツの政党政治についての検討を行っている。社会的・経済的な危機に直面すると、ミドルクラスは容易にナショナリスティックな言説に吸い寄せられていく、とマルクーゼは指摘する。そして、これがドイツ民主党の崩壊につながり、また同じことが「戦後」にも起こるかもしれないという。

穏健で、民主的な価値を重視するミドルクラスを組織化し、その支持を維持することは、とくに危機的な状況では難しくなる。これはもちろん、現在の私たちの問題でもある。ただ、マックス・ウェーバーについていえば、ドイツ民主党がたどったこうした顚末《てんまつ》を見届けることなく、彼は一九二〇年に死去した。

コーカスと人民投票的大統領制

二〇世紀の初頭はまさに組織の時代であり、政府も政党も民間企業も大規模化する傾向にあった。すでに述べたように、こうした趨勢にあって、ウェーバーは官僚制的な組織について論じた。そのときの大きな課題の一つは、官僚の支配に対抗して、政治家のリーダーシップをいかに確立するかということ、であった。彼が比例代表制に激しく反対したのには、こうした事情があった。

彼の大統領制論は、以上のような現状認識に基づいている。一九一九年一月の選挙を受けて、二月一一日に、ドイツ社会民主党のフリードリヒ・エーベルト（一八七一～一九二五）が国民議会でワイマール共和国初代大統領に選出された。この直後、ウェーバーは二月二五日にベルリンの新聞に「ライヒ大統領」と題する文章を発表し、「これからの大統領は、無条件に国民によって直接選ばれなければならない」と強く主張した。「よく論じられてきた大衆の「独裁」はまさに「独裁者」を必要とする。つまり大衆が自ら選び、その信頼に応えているあいだは服従する信任者を必要とする」（MWG I/16, S. 221.『政治論集』2、五五〇～五五一頁）と彼はいう。

選挙で勝って有権者からのお墨付きをもらったのだから、野党の反対や官邸前のデモに耳を傾ける必要はなく、むしろブレずに強いリーダーシップを発揮すべきだ、という政治スタイルを指して、「選挙独裁」という言葉が使われることがある。デモクラシーが「大衆による独裁」ならば「独裁者」が必要だ、とウェーバーが主張するとき、彼はこの「選挙独裁」的なデモクラシーに傾いている。

直接、国民から選ばれる大統領にウェーバーが注目したとき、彼の念頭にあったのは、イギリスの政治家で、四度首相になったウィリアム・グラッドストン（一八〇九～一八九八）だった。

政治におけるカエサル的・人民投票的な要素、つまり選挙という戦場における独裁者が登場しました。これは本当にまたたくまに出現しました。一八七七年、このコーカスが初めて国政選挙で機能した。輝かしい成功でした。これによってディズレーリは、彼の偉大な成功のただなかで失脚した。これが結果でした。一八八六年には、このマシーンはすでに完全にカリスマ的な仕方で、この人〔グラッドストン〕を中心にまわっていた（MWG I/17, S. 209.『仕事』一五八頁）。

グラッドストンがもっていた「政治におけるカエサル的・人民投票的な要素」は、もちろん彼その人の資質によるところも大きい。しかしそれと同時に、ウェーバーが注目するのは、それを可能にした制度的な条件である。ジョゼフ・チェンバレン（一八三六～一九一四）がバーミンガムで生み出した「コーカス」に、ウェーバーは関心を寄せる。コーカスという語は、アメリカ先住民の「相談相手」を意味する言葉Cau-Cau-a-Suに由来する。しかし、この場合のコーカスはたんなる閉鎖的な幹部会の意味ではない。バーミンガムで始められたのは、各区で有権者に開かれたパブリック・ミーティングを組織し、下から積み上げて、委員を押し上げていくシステムを指す。

「組織の時代」の政党政治では、政党組織を牛耳っている古株の「ボス」や「ドン」の影響力が大きくなる。やる気と能力のある新人がいたとしても、組織の利権の構造に反対することはできず、やがて骨抜きにされる。これに対してチェンバレンがバーミンガムに持ち込んだコーカスは、「ボス」や「ドン」といった内部のプロが反対しても、一般の有権者によって熱烈に支持された候補者がのし上がることを可能にした。

こうした意味でのコーカスは、日本では少しわかりにくい。ただ、これとは同じではないが、日本の自民党の総裁選の仕組みを考えてみるといくぶん理解しやすくなるかもしれない。かつて自民党の総裁選挙は、基本的に現職の国会議員の投票によって決まった。当然、世間での人気ではなく、党内の力学が決定的な意味をもち、「コップのなかの嵐」とも呼ばれた。「子分」を集めて派閥を大きくすることが、そして派閥間の交渉をうまくやり抜くことが、総裁になり、そして首相になるには不可欠の条件だった。

ところが、一般党員の声を反映する「地方票」の割合が増すと、現職の国会議員のインナー・サークルでの力関係は相対的に重要ではなくなる。一般のサポーターが影響力を行使できる比率が高くなれば、それだけ大衆的な人気がインナーの論理や力関係に優越することになる。二〇〇一年の自民党総裁選で、小泉純一郎《こいずみじゅんいちろう》（一九四二〜）が勝利したのも、この地方票の割合が拡大され、一般党員の声がより大きな影響力をもつようになったことが一因だった。自民党の現職の国会議員だけの投票で総裁が決まるというルールであれば、彼が総裁に選出されることはおそらくなかった。

ウェーバーが直接、国民の投票で選ばれる大統領制を強く推奨したのは、議員の仲間内の駆け引きや党派力学によって、リーダーシップが阻害されないようにするためであった。派閥の領袖や「ドン」、あるいは有力議員の「ご意向」に逆らってでも、リーダーシップを発揮するには、有権者の全体からの支持を受ける、人民投票的な大統領制が必要だというわけである。

強力な大統領制の構想がヒトラーの権力掌握につながった、といわれることがよくある。しかし、このつながりはそれほど単純ではない。ヒトラーはそもそも選挙で勝って、フューラー（総統）になったわけではない。議会での多数派形成が困難になるなかで、苦肉の策として首相のイスが回ってきただけである。

それでも、ウェーバーが提案した強い大統領については、今日、ますますその評価が難しくなっていることも否定できない。イタリアの政治学者マウロ・カリーゼ（一九五一〜）は、近年、政党組織が流動化し、選挙に勝てる「顔」になる個人のキャラクターによって大きな影響を受けるような事態に注意を促し、こうした政党を「パーソナル・パーティ」と名付けている。要するに、政党政治における「カリスマ」的なものの復権という現象である。

ウェーバーは現代社会の政治変容を理解するために一つの類型学を創《つく》った。それに従うならば、現在の政党は家産制的でカリスマ的な権力に回帰しつつあり、旧来の党官僚制が基礎をおいた合法的・合理的な権力は衰えつつあるといえる（『政党支配の終焉』一六頁）。

ウェーバーが危惧したのは、硬直的な政党組織が有能なリーダーを潰す傾向であった。つまり組織の過剰である。これに対して今日、人びとに思考する時間や余裕をほとんど与えないような劇場型の政治シーンの方が問題になっている。政策の中身や政策を形成していく熟議をともなうプロセスよりも、「決めてくれる人」への期待が高まっている。ウェーバーの危惧とは真逆の問題がむしろ深刻になっている。こうしたなかでは、「民主的」とはいえるかもしれないが、雪崩《なだれ》を打つような変動を促すような制度設計には、かつて以上に慎重であるべきかもしれない。ウェーバーによる人民投票的な大統領制の構想をめぐる議論は、今日でもなお片付いていない。

「酔っぱらった象のカリスマ」

すでに言及したように、ウェーバーは比例代表制には否定的だった。同時期にこの制度の導入を熱心に提唱していたハンス・ケルゼンとは、ウェーバーの立場は正反対であった。前節では、リーダーシップが阻害されるから、という説明をしておいた。このことを、少し違う言い方で論じ直すとすれば、それは「決められない」という問題になる。

もちろんケルゼンも「比例代表制は少数党、否、極小政党形成の誘因となり、小党分立の危険をもたらす」という批判があることは、十分に認識していた。しかしそれでも「比例代表制は、この点に関して、政党間の協力を不可避とし、小異を抑えて最重要の共通関心事において結合する必要性を、選挙民の領域から議会の領域に移すという意味をもつ」（『民主主義の本質と価値』八二～八三頁）と考えていた。選挙というフィルターで、多様な意見を切り捨てるのではなく、選挙では多様な意見を吸い上げ、議会で討論と妥協形成をすればよいのではないか、というのがケルゼンの立場だった。これは傾聴に値する議論である。

ウェーバーも、こうしたケルゼンの立場をよく知っていたはずである。一九一八年にウェーバーがウィーン大学で講義をもったとき、彼はケルゼンと交流している。それでもウェーバーが比例代表制を批判したのは、決定の困難を見越していたからだった。

今日、熟議デモクラシーの政治理論が大きな展開をみせている。これと連動しながら、ロトクラシー（選挙ではなく、くじ引きで選出された人びとによるデモクラシー）にも注目が集まっている。ただ、ウェーバーは、こうした可能性を模索するのではなく、むしろ決められない危険性の方に目を向ける。諸価値が互いに対立しており、それは学問によっては決着をつけることはできない、とウェーバーはくりかえし述べている。人間の理性には限界があり、「神々の闘争」を解決することはできないというのである。

これに対して、政治哲学者のレオ・シュトラウス（一八九九～一九七三）がいったことはよく知られている。

このようなウェーバーの命題は必然的にニヒリズムに行きつくと私は主張する。すなわち、あらゆる選好は、それがいかに邪悪、卑劣、狂気じみたものであっても、理性の法廷の前では、他のいかなる選好とも同等に正当なものだと判断されねばならないという見解に必然的に行きつく、と私は主張する（『自然権と歴史』七〇頁）。

シュトラウスによるウェーバー読解の是非については、ここでは問わないでおく。ただ、シュトラウスがここで指摘した問題をウェーバーが認識していなかったと考えるとすれば、それはあまりにも浅薄な理解であろう。ウェーバー自身、諸価値の対立に直面して、理性的な決定が必要ないといっているわけではない。彼がいうのは、学問にはそれはできないということ、学者は預言者ではないということである。「預言者とデマゴーグは教室の教壇にはふさわしくない」（MWG I/17, S. 97.『仕事』六二頁）という彼の主張は、もっと重く受け止められるべきである。理性による決定が困難で、その困難を認めることが「ニヒリズム」を招き、ひどい帰結になりかねないことくらい、ウェーバーはよくわかっていた。

『古代ユダヤ教』でウェーバーは預言者エレミアについて語る。国難のなかできわめて難しい選択を迫られたとき、預言者の「灼熱《しゃくねつ》せる激情は爆発する」（MWG I/21-2, S. 614.『古代ユダヤ教』下、六五九頁）。「あれか、これか」。どちらを取っても、厳しい結果になることがわかっているところで、エレミアは神からの預言を語る。ウェーバーが決断というとき、それはエレミアにおけるように、きわめて非合理な瞬間である。同じ理由から、ウェーバーはカリスマの「非日常」を強調する。カリスマは「使命」によって、フォロワーが自分に付いてくることを求める。伝統も、慣習も、規則も信用できなくなっているところで、人になにかを押し付けるのには、「忘我」的な要素、つまり情念の動員が欠かせない、とウェーバーはみる。

学問によって一つの真理に到達することができ、これによって政治的な「正しさ」を基礎づけることができる、という想定は、ウェーバーによって完全に否定されている。こうした想定が成り立たないところで考える試みを、「ポスト基礎づけ主義」と呼ぶならば、ウェーバーの理論も現代の「ポスト基礎づけ主義」の文脈でとらえ直すことができる。

ただし、ウェーバーの議論と今日の政治理論との距離も決して小さくはない。「ポスト基礎づけ主義」の想定は、しばしば熟議民主主義を探求する方向へと向かっていく。この理論展開はよく理解できる。これに対してウェーバーにはじっくりと考えて、穏健に決める、という発想がほとんどない。そしてもちろん、なんとなく、空気を読んで、なにかが決まっていく、というようには、彼は絶対に考えない。

昔の将棋で、いまではなくなっている駒に、「酔象《すいぞう》」というのがあるという。この酔象は相手陣内に入って成ると、「太子」になって「王将」と同格になる。ウェーバーが「決定」というとき、「酒を呑《の》んで暴れまわる象」(MWG I/20, S. 143.『ヒンドゥー教と仏教』九三頁)のような忘我的なカリスマがそのイメージだったかもしれない。フランクフルト学派のアドルノの弟子で、映画監督のアレクサンダー・クルーゲ(一九三二～)は、ドナルド・トランプ(一九四六～)が合衆国大統領に選出されたとき、ウェーバーに言及しながら、「トランプは酔っぱらった象のカリスマをもっている」と述べている。酔っぱらって食器棚に並ぶ陶器を壊してまわる象のような政治的行為が許されてよいわけはない。ただ、さまざまな領域で合理化が進み、「魔法が解け」れば、世界から非合理なものがなくなるわけではない。どちらかを選ぶという決断には非合理性の契機が入ってくる。AIなどによって「最適解」が与えられる、という理解は、ウェーバーのものではありえない。

ウェーバー・ワールドでは、合理的になればなるほど、かつては遍在した非合理はカリスマの決断という一点に煮詰められていく。ニーチェは「神は死んだ」と宣告した。そしてこの「神の死」をウェーバーも共有している。しかしウェーバーの場合、かつては神が担っていたものがカリスマに委ねられる。

予　言

講演「仕事としての政治」の末尾で、ウェーバーは「一〇年後もういちど話してみようではないですか」と語りかける。そして「ぼくはみなさんのなかで、いま自分をほんものの「信条倫理の政治家」だと感じており、この革命が意味する陶酔に参加している人が、ことばのより内面的な意味でどう「なっている」のかをみてみたい」という。

ぼくたちの前にあるのは、夏の花盛りではなく、凍りついた暗闇と過酷さの支配する極北の夜です。いま外面的にどのグループが勝っても、そうです。というのも、なにもないところでは、カイザーだけでなく、プロレタリアートも権利を失っているからです。この夜は、ゆっくりと明けることだろう。そのとき、いま見るところではこんなにも元気よくその春が咲き乱れている人たちのなかで、誰がまだ生きているでしょうか

(MWG I/17, S. 251.『仕事』二一五〜二一六頁)。

一九一九年一月、この講演が行われたのとほぼ同じ時期に、そして同じミュンヘンで、ド

イツ労働者党（DAP）が結成された。この年の九月、まだまったく無名のアドルフ・ヒトラーがここに入党した。この党は翌年、国民社会主義ドイツ労働者党（NSDAP）、つまりナチ党になった。ウェーバーはこの動きにとくに注意を払ってはいない。無数の党派が蠢《うごめ》いている時代にあって、NSDAPは数多くの右派勢力の一つにすぎなかった。

一九二〇年三月一二日、共和政の廃止を唱える国防軍の一部が、ベルリンを占拠して、新政府樹立を宣言した。カップ一揆《いっき》である。このクーデタはゼネストによって失敗に終わるが、「反動」へと向かおうとする流れは、これで途切れはしなかった。

一九一九年から一〇年後の一九二九年、ニューヨークで株価が暴落し、世界恐慌が世界を襲う。カール・マンハイム（一八九三～一九四七）が『イデオロギーとユートピア』を出版したのもこの年であった。翌年九月の選挙でナチ党は第二党へと躍進し、一九三三年にヒトラーが権力を掌握する。バイエルン・レーテ（評議会）革命を主導した劇作家のエルンスト・トラー（一八九三～一九三九）はアメリカに亡命を余儀なくされる。一九一七年にラウエンシュタイン城で開催された文化会議で、トラーはウェーバーと知り合っていた。レーテ革命はわずか一ヵ月で瓦解した。裁判所でウェーバーは、投獄されたトラーを弁護する証言をした。トラーは「純粋な信条倫理から」「責任の感情なしで」行動した、と彼は述べた（MWG I/16, S. 489-491）。これに呼応するように、トラーも獄中で「倫理的人間が政治的人間になるならば、どんな悲劇的行路が彼を待ち受けているだろうか」（『獄中からの手紙・燕《つばめ》の書』八四頁）と書いている。

亡命後、トラーはニューヨークのホテルで自殺する。ウェーバーが予言したように、信条倫理的な進歩派の末路はみるに忍びない結果となった。そしていずれにしても、彼らは革命に対抗しようとするカウンターの力を引き出してしまった。

反動の予言をしたうえで、ウェーバーは次のように講演「仕事としての政治」を結ぶ。

ウェーバーとトラー（ラウエンシュタイン城での文化会議、1917年）

> 政治というのは、硬い板に力強く、ゆっくりと穴をあけてゆく作業です。情熱と目測能力とを同時にもちながら掘るのです。この世界で何度でも不可能なことに手を伸ばさなかったとしたら、人は可能なことすらも成し遂げることはなかった（MWG I/17, S. 251-252.『仕事』二一七頁）。

政治家が座右の銘として、よく引用する一節である。しかし、ここでいわれていることは、ちょっと頑張って穴を開ける程度のことではない。信条倫理的に振る舞う若い政治リーダーが、激しい反動に身を晒しながら、殺されるか、自ら死ぬか、政治から撤退して神秘思想に向かうかすることを予期しつつ、ウェーバーはこう述べている。この状況で「不可能なことに手を伸ばす」というのは、生半可なことではない。スイスのベルンにあるバクーニン（一八一四～一八七六）の墓にも、「不可能なことをあえてやってみる人でなければ、可能なことにもけっして届かない」と刻まれている。このアナーキストの生涯も過酷なものだった。

もちろん、こうした仕方で政治にコミットすることのハードルを上げることがいいのかどうかについては、議論が分かれるだろう。政治が忌避されるところでは、政治的な問題に関与しやすくするような語りが求められるのかもしれない。しかしいずれにしても、ウェーバーは若い聴衆にこう語った。後味の悪い予言が残された。

ナチズムへ

「反動」という言葉が使用可能なのは、「進歩」という基準がそれなりにしっかりと確立されていることを前提とする。「時計の針を逆に回す」という表現ができるのは、時計が進む方向が決まっているからである。

今日、「反動」という用語の使用は簡単ではない。それでも、彼の話に耳を傾けている若い聴衆の社会主義、平和主義、デモクラシーへの志向が、それを裏切る方向に進むという意味で、ウェーバーは「反動の時代」の到来を予言している。「反動」という言葉を使うとき、彼はその「反動」とは対立する側に身をおいている。

では、大学の講堂や本屋のイベント会場でウェーバーの話を聴いていた学生たちは、ウェーバーのことをどうみていたのだろうか。政治における「暴力」の契機をあれほど強調し、リーダーシップなき「決められない政治」に至るとして比例代表制を批判し、「官僚の独裁」になるがゆえに社会主義にも懐疑的で、国民の投票によって直接的に選出される強力な大統領制を提唱していたウェーバーは、平和主義者にとっても、少数派保護のデモクラットにとっても、社会主義者にとっても、また強い権威に対して個人の自由を強調するリベラリストにとっても、必ずしも共感できる相手ではなかったはずである。「反動の時代」を予言するウェーバーは、彼らからするとむしろその反動の側の人に映ったかもしれない。

なかでも、彼が唱えた強力な人民投票的な大統領制の構想がヒトラーの登場の露払いをしたのではないか、という論点は、ドイツの歴史家ヴォルフガング・J・モムゼン（一九三〇～二〇〇四）の問題提起以来、ドイツ政治史研究者のなかでくりかえし論じられてきた。実際、ワイマール共和政における議会の危機が深まるなかで、大統領の独裁を強力に押し出したのは、ミュンヘン大学でウェーバーの上級ゼミに出席していたカール・シュミットだった。反動を予言したウェーバーは、思いのほか、その反動と近接しているようにもみえる。

実際、ハイデルベルクのウェーバー生誕一〇〇年シンポジウムで、若きユルゲン・ハーバーマスは、こうした見方をする。ウェーバーをリベラリズムの伝統のなかで解釈しようとするタルコット・パーソンズに対して、彼はそうした読みが許されるアメリカの研究者は「羨ましい」と述べる。そしてドイツの文脈では「カール・シュミットがマックス・ウェーバーの正統的な弟子であったという事実」を蔑《ないがし》ろにはできないという（『ウェーバーと現代社会学』上、一二九頁）。

ウェーバーに好意的な論者は、もし彼がもう少し長生きして、ヒトラーの独裁を目の当りにしたら、徹底的に抵抗したことだろう、という言い方をすることが多い。そして私も基本的にこれに近い考えをもっている。しかし、たとえそうだとしても、第一次世界大戦後の新しい政治レジームを構想しているときのウェーバーがかなり危なっかしいということは、否定できないだろう。そしてウェーバーを簡単にその後の「ドイツの独裁」と同一視して切り捨てたり、またその反対として礼賛したりできないということは、彼の投げかけた問題がいまだに継続しているということの証《あか》しでもある。

終章　マックス・ウェーバーの日本

——「ヨーロッパ近代」のロスト・イン・トランスレーション

日本のウェーバー研究には、もう一つ別の際立った特徴がある。これもまた権威主義的な体制下での特別な研究条件に由来するものである。日本の多くの学者は、ドイツとヨーロッパの学問への知的な結びつきを放棄しようとはしなかった。そこで彼らはウェーバーとともに「国内亡命」へと向かったのである。

W・シュヴェントカー『マックス・ウェーバーの日本』二八七頁

関連年表

1918　スペインかぜが世界規模で大流行（～19年）
1919　10月14日 母ヘレーネ死去
1920　4月1日 妹リリィ死去
　　　6月7日『宗教社会学論集』第1巻を脱稿。6月14日 ウェーバー、ミュンヘンで死去
1922　カール・シュミット『政治神学』
1923　フランクフルト社会研究所設立
1926　マリアンネ・ウェーバー『マックス・ウェーバー』
1930　パーソンズ訳英語版『プロテスタンティズムの倫理と資本主義の精神』
1931　5月 クルト・ジンガー来日
1933　3月23日 全権委任法成立
1954　マリアンネ・ウェーバー死去
1957　ベラー『徳川時代の宗教』
1963　アーレント『エルサレムのアイヒマン』
1964　ウェーバー生誕100年（4月にハイデルベルク、12月に東京でシンポジウム）
　　　マルクーゼ『一次元的人間』
　　　10月 東京オリンピック
1969　折原浩『危機における人間と学問』。ミッツマン『鉄の檻』
1973　エルゼ・ヤッフェ死去
1984　マックス・ウェーバー全集（MWG）刊行開始
2020　6月14日 ウェーバー没後100年
　　　東京オリンピック（新型コロナウイルスの感染拡大により開催延期）

スペインかぜにより急逝

ウェーバーのミュンヘンでの暮らしは、それほど長くは続かなかった。一九二〇年五月末、ウェーバーは発病し、高熱にうなされた。当時、流行っていたスペインかぜ（スパニッシュ・インフルエンザ）が原因ではないかといわれている。スペインかぜは、一九一八年から一九一九年に大流行し、世界で数千万人の犠牲者を出した。いわゆるパンデミックである。グスタフ・クリムトやエゴン・シーレ、そしてトランプ大統領の祖父で、ドイツからアメリカに渡った実業家のフリードリヒ・トルンプ（一八六九〜一九一八）もこの病気で亡くなった。結核を病んでいたカフカやパリ講和会議に参加していたウィルソン大統領も、このウイルスに苦しめられた。

死の直前に、『宗教社会学論集』第一巻が刊行された。第五章でも紹介したようにここにはプロテスタンティズム研究、中国研究の「儒教と道教」、そして「中間考察」が含まれている。巻頭のページには、一九二〇年六月七日と書かれており、彼の妻宛に一言が添えられている。

マリアンネ・ウェーバーへ
一八九三年「最晩年のピアニッシモに至るまで」

一八九三年は、マックスとマリアンネが結婚した年である。そのとき、彼はこの言葉を彼女に贈ったのだろうか。マリアンネは彼女の著作『法の発展における妻と母』(一九〇七年)の最後の段落で、このフレーズを用いている。そしてマックスも、本書で何度も言及してきた「中間考察」で、カッコを付けて、しかし出典は明記せずに、このフレーズを引用している。「相互の倫理的責任という思想」にもとづいた婚姻(MWG I/19, S. 511.『宗教社会学論選』一四六頁)に関連する文脈である。

当時、抑圧的な性道徳の否定と性愛の解放が、多くの若い人たちの心を捉えていた。フロイトが精神分析で、そうした性の抑圧に一定の学問的な表現を与えてもいた。そしてウェーバーの近辺でも、オットー・グロース(一八七七〜一九二〇)が注目されていた。グロースはエルゼ・ヤッフェと交際していた。彼はウェーバーが編集する『社会科学・社会政策雑誌』に寄稿したが、ウェーバーはこの論文をリジェクトした。フロイトには一定の評価を与えていたが、グロースへの評価は低かった。

一九〇七年九月一三日付のエルゼへの長文の手紙で、ウェーバーはグロースの唱える倫理を「何らかの規範を守ることが大事な神経の健康に好ましくないという風に証明すること」によって、その規範の権威を失わせることができると信じている倫理」と特徴づけ、こんなものはお子様用の「オムツ」と呼ぶしかない、と述べている（MWG II/5, S. 397. この手紙はマリアンネ・ウェーバー『マックス・ウェーバー』二八七頁に引用されている）。

こうした性愛の解放運動は、当然、従来の婚姻のあり方を揺さぶった。ウェーバーが「相互の倫理的責任という思想」を語るのは、こうした婚姻の形式の否定に抗してであった。束《つか》の間《ま》の性愛ではなく、「最晩年のピアニッシモに至るまで」その愛は続き、そしてそこに尊厳が生まれる、と彼は強調する。

ただし、ウェーバーが義務的な結婚を支持した、と単純に断定することは適当ではない。死の間際に彼を看病していたのは、マリアンネだけでなかった。かつての弟子であり、親密な関係にあったエルゼも、病床のウェーバーに付き添った。彼が亡くなったのは、この二人に見守られながらであった。書いていることと実際にしていることに矛盾があるのではないか。そのことは彼が一番よくわかっていた。多くの点において彼の人生と思想は二律背反《アンチノミー》を抱えていたが、結婚生活もその例外ではなかった。

一九二〇年六月一四日、ウェーバーは他界した。五六歳だった。ワイマール共和国のその後、そしてナチズムの台頭をみることなく、彼はこの世を去った。唐突で、早すぎる死だった。

ウェーバー死後のドイツ

ウェーバーの死後、翌年にかけて立て続けに準備されていた原稿が著作として刊行された。『宗教社会学論集』第二巻（「ヒンドゥー教と仏教」）、同第三巻（「古代ユダヤ教」）、『音楽の合理的・社会学的基礎』、そして『経済と社会』である。

妻のマリアンネは、パートナーの仕事を後世に遺す努力を厭《いと》わなかった。死後の刊行物は、彼女の尽力なくしては不可能だった。一九二六年、彼女は今日でもウェーバー研究の必読文献になっている伝記『マックス・ウェーバー』を刊行した。扉のページにはリルケの詩の一節が引用されている。出典は『時禱詩集《じとう》』第一部「僧院生活の書」の一節で「私が異国の書物で読んだのはミケランジェロの日々のことだった」で始まる詩の第二節以下である。

これは、一つの時代がその終焉に当ってもう一度自分の価値を総括してみようとするときいつもあらわれて来る人間だった。
そのような時、一人の人間があって、時代のすべての重荷を取上げ
自分の胸の奥底へ投げこむのだ。
彼に先立つ人々は人の世の悲喜と甘苦しか知らなかったのに、
彼はひたすら人生の重み厚みを感じ、
すべてを一つの〈物〉として自分が抱き止めるのを感じる――
ひとり神のみが彼の意志を高く超えている。
さればこそ彼は、この超絶を憎む雄々しい心をもって
神を愛するのだ。

（マリアンネ・ウェーバー『マックス・ウェーバー』扉）

あまりに美しい一節である。彼女にとってマックスは、「一つの時代」を背負った人だった。しかしここまで賛美されると、困惑を感じないわけにはいかない。伴侶を失った葬儀の席で、そういうときでなければ語られないようなことが語られることがある。それはそれで感動的である。しかし、マリアンネによるマックス・ウェーバーの賛美の仕方には首を傾《かし》げたくなる人も多いのではないか。

それでも、忘れてはならないことがある。マリアンネは、この時、かなり切迫したところ

で、マックスを聖化するような書き方をしている、ということである。長らく大学を離れていたウェーバーにはその仕事を引き継いでくれる弟子もいなかった。

第五章でも述べたように、『経済と社会』の改訂を引き継いだのは、ヨハネス・ヴィンケルマンだった。ウェーバーの研究者であれば誰でも彼の名前を知っている。しかしヴィンケルマンは、ウェーバーから教えを受けたわけではなく、また大学に籍を置く研究者でもなかった。彼は在野でウェーバーのテクストに関する研究をする、法律の実務家だった。ドイツの社会学者のディルク・ケースラー（一九四四～）は、境界領域を歩いてきた「アウトサイダー」であったマックス・ウェーバーの仕事を、今日のような「古典」の地位に押し上げることに貢献したのは、ヴィンケルマン、テンブルック、そしてエドゥワルト・バウムガルテン（一八九八～一九八二）という三人の「アウトサイダー」だったと述べている。最後のバウムガルテンは、ウェーバーの従兄《いとこ》のフリッツ・バウムガルテンの息子である。

アカデミズムの本流になるような直系の弟子はいなくても、ウェーバーの本を読み、そこから学んでいた人は、もちろんそれなりに存在した。戦後西ドイツの初代大統領となるテオドール・ホイス（一八八四～一九六三）も、その一人であった。ホイスは一九一七年のラウエンシュタイン城での文化会議でウェーバーと知り合っていた。彼はまた、ドイツ民主党の結党メンバーで、戦後はドイツ自由民主党（ＦＤＰ）の結党に加わった。戦前・戦後を通じ

『法社会学』の草稿への加筆

て、ドイツの「リベラル」とウェーバーの政治理論の関連を考えるうえで、ホイスは鍵となる人物である。

しかしワイマール共和国からナチ時代を通じて、ウェーバーの仕事はドイツ本国ではしだいに忘れ去られていく。こうした忘却を予期しながら、マリアンネはかなり無理をして、パートナーの知的遺産の痕跡を遺そうとした。

カール・シュミットはミュンヘン大学でのウェーバーのゼミに参加し、追悼論文集にも「主権概念の社会学と政治神学」を寄稿している。この論文は、ウェーバーに対する学問的な応答であり、「主権者とは例外状況に関して決定をくだす者をいう」で始まる『政治神学』（一九二二年）の最初の三つの章に対応する。しかしその後のシュミットの仕事はウェーバーから離れていく。

ホルクハイマー、アドルノら、いわゆるフランクフルト学派の著作では、ウェーバーの合理性・合理化が参照されることも少なくない。しかし、フランクフルト学派の関心によって切り取られることで、ウェーバーの議論はかなり変形されている。フランクフルト学派の哲学者は近代的な理性の病理を一貫して問題にする。彼らによる近代的な理性の捉え方は、複数の合理性への分化と、それらの関係に注目するウェーバーの合理性論とはかなり異なる。ウェーバーは次のように書いている。

「合理主義」なる語は〔…〕きわめてさまざまな意味に解することができる。たとえば、神秘論的瞑想の「合理化」という語法があるが、この場合には、生の他の諸領域から見ればすぐれて「非合理的」な行動様式を指すものでありながら、しかも経済・技術・学問研究・教育・戦争・司法・行政などの合理化の場合と同じように、合理化とよばれるわけである。さらにまた、それら生の諸領域のすべてにおいては、それぞれのさまざまな究極的観点ないし目標のもとに「合理化」が進行しうるのであるが、その場合、一つの観点からみて「合理的」であることがらが他の観点からみれば「非合理的」であることも可能なのである。それゆえ、合理化と一口に言っても、あらゆる文化圏にわたって、生の領域がさまざまに異なるに応じてきわめて多種多様の合理化が存在したということになるであろう（MWG I/18, S. 116.『宗教社会学論選』二二一～二二三頁）。

こうした複数形での「合理性」概念の用法は、「二つの自由概念」で知られる、ラトビアのリガ出身の哲学者アイザィア・バーリン（一九〇九～一九九七）の価値多元論に近い。さまざまな価値が調和せず、しばしば対立することに、ウェーバーもバーリンも注意を向ける。彼らはなんらかの「体系」を打ち立てることはなかった。むしろ「体系」に還元不可能な多様性や葛藤を指差し続けることで、品位を保とうとするようなタイプの思想家だった。

これに対して、『啓蒙の弁証法』では、理性と野蛮の弁証法的な関係が考察の対象にされる。人間を解放することを可能にした理性は、アウシュヴィッツにおける行政的な大量虐殺という野蛮にもつながってはいないか。こうした野蛮は、合理化が不十分だったからというのではなく、むしろ合理化そのものが内包するなにかではないか。以上のような問題設定には、今日でも第一級の意味がある。しかしこうした問題設定の結果、ウェーバーのテクストには存在した複数の合理性という視点は抑制される。ウェーバーとアドルノ、ホルクハイマーに一定の連続性があることは事実であるが、『啓蒙の弁証法』の著者によって、ウェーバーの理論がかなり変形されたことも否定できない。

もちろん、カール・ヤスパースなど、ウェーバーに対して個人的に強いこだわりをもち続けた研究者がいなかったわけではない。しかし、ナチズムが台頭するなかで、彼の議論がフォーカスされることは減っていく。「アーリア人の優越」や「反ユダヤ主義」などの文脈で、ウェーバーの著作が引用されることはない。彼はいくぶん保守的なナショナリストではあったが、そうした人種主義には否定的であった。

一九一〇年の第一回ドイツ社会学会では、ドイツ優生学の医師アルフレート・プレッツ（一八六〇〜一九四〇）の講演「人種概念と社会概念およびこれに関連するいくつかの問題」

に対して、ウェーバーは討論者として登壇して、これを批判している（MWG I/12, S.243-260）。『黒人のたましい』（一九〇三年）で知られる社会学者W・E・B・デュボイス（一八六八〜一九六三）は、ベルリンに留学していたことがあり、ウェーバーとも交流があった。デュボイスを通じて、ウェーバーはアメリカの黒人問題に関心を寄せ、人種概念に否定的な態度をとった。

しかしそうであるからといって、ナチズムに対抗する側がウェーバーに依拠することもなかった。ナショナリズムの傾向が強いウェーバーを積極的に擁護する理由は、少なくとも亡命知識人のコミュニティでは見当たらなかった。

こうして少なくとも、レオ・シュトラウスやエリック・フェーゲリンら、学派を形成した人の仕事が継承されたようには、ウェーバーの遺産は相続されなかった。おそらくマリアンネ・ウェーバーはこうなることを予期し、そうであるからかなりの無理をした。しかし、その努力も、彼女のパートナーがドイツで忘却されていくことを食い止めることはできなかったのである。

タルコット・パーソンズと「鉄の檻」

ウェーバーが生まれ、そして死んだ国ドイツにおいて、一九三〇年代、彼の影は薄くなっていく。しかし、アメリカ旅行の経験を踏まえてドイツ語で書かれた彼の『プロテスタンティズムの倫理と資本主義の精神』が英訳され、アメリカで読まれるようになる。訳者は、二〇世紀を代表するシステム論の社会学者タルコット・パーソンズだった。

パーソンズはハイデルベルク大学で経済学、社会学を学び、一九二七年に博士号を取得している。その当時、マックス・ウェーバーはもちろん、もうこの世にはいない。しかし、彼の弟アルフレート・ウェーバー、哲学者のカール・ヤスパース、その後、来日することになるエミール・レーデラー（一八八二〜一九三九）、詩人のシュテファン・ゲオルゲ（一八六八〜一九三三）の影響を受けた経済学者エドガー・ザリーン（一八九二〜一九七四）など、マックス・ウェーバーが存命中に彼の近くにいて、その学問的な業績をよく知っている研究者がハイデルベルクにはいた。パーソンズは彼らからウェーバーの話を聞き、指導を受け、「ゾンバルトとウェーバーにおける資本主義」というテーマで博士論文を書いた。指導教授はプラトンについての論文で教授資格をとったザリーンだった。彼らとのやりとりがどういうものだったのかは、いまとなっては定かではない。しかし、複数の筋から、ウェーバーの『プロテスタンティズムの倫理と資本主義の精神』について話を聞かされたであろうことは容易に想像できる。この本の英訳をパーソンズが刊行したのは、ドイツからアメリカに帰国後すぐの一九三〇年のことだった。

パーソンズはこの英訳のなかで、「鋼鉄のように硬い殻」(stahlhartes Gehäuse) というフレーズを「鉄の檻」(iron cage) と翻訳した。この語は、『プロテスタンティズムの倫理と資本主義の精神』の末尾に出てくる。資本主義のシステムが自己展開してゆくなかで、このシステムの外枠に人間が組み込まれ、閉じ込められていく、というイメージが語られる部分である。ここで人間は「精神のない専門人、心情のない享楽人」へと誘導される。

この「鉄の檻」という表現は、官僚制的な組織のなかで、個々人の自発性や臨機応変な振る舞い、あるいは善意といったシステムの論理と適合しないものが削りとられていく、というイメージにもきれいに当てはまる。このため資本主義的な経済システムの行く末という文脈以上に、「鉄の檻」というメタファーは官僚制論や管理社会論の文脈で用いられることになる。アーサー・ミッツマン（一九三一〜）の有名なウェーバー研究『鉄の檻』が刊行されたのが、一九六九年だった。世界中で学生のプロテストが高まるなかで、このタイトルの本が出されたことは、決して偶然ではない。「禁欲」的な近代社会の抑圧からの「逃避」という筋で、彼はウェーバーの人生と作品を描いた。世界的に学生たちが異議申し立てをしたとき、そのプロテストの対象のイメージは、大学であれ、軍産複合体であれ、この「鉄の檻」のイメージと重なる。

こうして iron cage は、ウェーバーのメタファーのなかで、おそらく最も有名なものになる。日本語の文献でも、「鉄の檻」という語が広く使われている。この語の普及はドイツ語からというよりも、英訳を経由してのことである。梶山力《かじやまつとむ》訳の『プロテスタンティズムの倫理と資本主義の精神』（一九三八年）、そして梶山・大塚共訳による同書（上巻＝一九五五年、下巻＝一九六二年）では「外衣」と訳されていたゲホイゼ（Gehäuse）が、現在流通している大塚久雄訳（一九八八年）では「檻」になっているのも、こうした事情による。

しかし、この英訳はいくぶんミスリーディングであることは否定できない。ゲホイゼは牡蠣《かき》の殻やなにかのケースのようなものを意味する。少なくともライオンなどを閉じ込めておく「檻」ではない。ゲホイゼには、柔らかく、傷つきやすい中身を守る防御スーツという意味もある。ドイツ語のそうした原意を出すには、「殻」ないし「外衣」の方が適切である。

もちろん、自分がそこに組み込まれている「システム」に対して、私たちはしばしば不自由を感じる。規則や命令、分厚いマニュアルに嫌悪感をもつのは当然の反応である。しかし、ゲオルク・ジンメルが「生の哲学」で強調したように、生は形式なくしてはありえない。形式があるから、私たちは生活に安定と秩序を確保することができる。こうしたこともあり、最近の英訳では **a shell as hard as steel** または **a steel-hard casing** と訳されている。

パーソンズはのちに、ベンジャミン・ネルソン（一九一一〜一九七七）への手紙（一九七五年一月二四日付）で、この訳語の選択は「ピューリタンの倫理問題へのウェーバー自身の個人的な取り組みのピューリタン的な背景にとっては適切」だったと述べている。イギリスの宗教作家ジョン・バニヤン（一六二八～一六八八）による寓意《ぐうい》物語『天路歴程《てんろれきてい》』に出てくる次の場面を、パーソンズは念頭においていたのかもしれない。

クリスチャン　かつてはどういう方でしたか。

男　男は言った。かつては自分の目で見ても他人の目に見るところも共に立派な、元気旺盛な信徒《プロフェッサ》でした。かつては、われながら「天の都」に入る望みのある者と思い、当時、そこに行くことを想っては喜んだことさえあったのです。

クリスチャン　それで、今はどういう方なのです?

男　今は絶望の人です。この鉄の檻〔**iron cage**〕の中に閉じ込められているように、絶望の中に閉じ込められています。私は外に出ることが出来ない。ああ、今は出来ないのです。

（バニヤン『天路歴程』第一部、九〇～九一頁）

信仰を失って、「鉄の檻」のような絶望に閉じ込められる、という光景に、説得力を感じる英語圏の読者が多くいたことはよく理解できる。ただ、ウェーバーが書いたドイツ語表現の翻訳としての正しさとはかなり異なるところで、この説得力は生まれている。

「鉄の檻」のアイヒマン

戦後、アルゼンチンに潜伏していたナチの戦犯アドルフ・アイヒマン（一九〇六～一九六二）を裁く裁判が一九六一年にイスラエルで開かれた。この裁判を傍聴して書かれた『エルサレムのアイヒマン』（一九六三年）で、アーレントはマックス・ウェーバーに一度も言及していないし、「鉄の檻」という表現も用いていない。しかし、彼女が直面し、考えなければならなかったのは、自分は「歯車」にすぎず、命令に従うほかなかった、と主張する元ナチの「官僚」だった。

ウェーバーは次のように述べている。「行政の官僚制化がひとたび完全に貫徹されると、支配関係の事実上の不壊《ふえ》に近い形態が作り出されることになる。個々の官僚は、自分が編入されている装置《アパラート》から脱することはできない」（MWG I/22-4, S. 208.『支配の社会学』I、一一五頁）。アイヒマンによる自己弁護は、こうしたウェーバーの官僚制理解と一致する。

「アイヒマンは最終的解決の機械の中の〈ちっぽけな歯車〉にすぎなかったという弁護側の主張」は、エルサレムの法廷では認められなかったし、アーレントもこれを否定した。しかしそれでも「全体主義的統治の本質、またおそらくすべての官僚制の性格は、人間を吏員に、行政装置の中の単なる歯車に変え、そのようにして脱人間化することであるということは、政治学および社会学にとってはもちろん重要な問題である」（『エルサレムのアイヒマン』三九七～三九八頁）と述べるとき、彼女は政治学および社会学で語られる「鉄の檻」のイメージについて考えていたはずである。

もちろん、ベッティーナ・シュタングネト（一九六六～）の研究などで指摘されているように、実在のアイヒマンがそれほど典型的な「鉄の檻」の住民だったのかについては、議論がある。おそらく、ステレオタイプに囚われない方がよさそうである。しかしそれでも、「鉄の檻」からアイヒマンへ、というモチーフは多くの研究者を惹きつけてきた。

こうして、アイアン・ケージというメタファーは、今日でも社会理論・政治理論で広く用いられている。ただしそれでも、すでに述べたように、ドイツ語のゲホイゼの翻訳はケージ（檻）ではない。新自由主義的な言説が広がり、公務員バッシングが高まるなかで、内部を保護するというゲホイゼの機能が再評価されるようになる。コストと人員を削られ、過酷な条件で働くことを強いられている公務員には、見識のない政治家から身を守る「外衣」が必要ではないか。こうした文脈の変化も、訳語の再検討を促す要因になっている。

誤訳かどうか、という問題ではなく、別の時代、別の文脈、別の言語における受容は、それ自体として考察の対象になりうる。

パーソンズからベラー、そしてベルへ

パーソンズはウェーバー、そしてデュルケームといった社会学の古典理論から学びつつ、社会システム論を構築していく。このパーソンズのもとで学び、彼の社会システム論の図式（ＡＧＩＬ図式）を、日本の近代化に適用して書かれたのが、ロバート・Ｎ・ベラー（一九二七～二〇一三）の『徳川時代の宗教』（一九五七年）だった。

ベラーは、近代日本の経済発展の成功を説明するために、ウェーバーの「プロテスタンティズム・資本主義テーゼ」に注目した。そしてパーソンズの図式から、日本の思想伝統に禁欲的プロテスタンティズムの「機能的代替物」を探し、江戸中期の思想家の石田梅岩《いしだばいがん》（一六八五～一七四四）が開いた石門心学《せきもんしんがく》を発見した。たしかに心学では正直、倹約、勤勉が重視された。そして心学に共鳴した近江《おうみ》商人は、日本の初期近代の資本主義に多大な影響を及ぼした。

ベラーの議論は、社会システム論を用いたケース・スタディとしても、日本論としても、とても興味ぶかい。しかし、こうした議論の展開は、もはやウェーバーのテクストからはずいぶん遠く離れていることも否定できない。少なくともウェーバーが日本について書いていることとはまるで関係がない。

日本の近代化の「成功」をシステム論的に説明するベラーの理論構成は、海外では好意的に評価されたが、日本での反響はよくはなかった。日本の近代化の「歪《ゆが》み」を問題にしようとする問題関心と、ベラーの研究は正面衝突するからである。丸山眞男もこの本についての長文の書評論文で「ウェーバー的論理の重大な誤用」（『丸山眞男集』第七巻、二八五頁）を指摘している。

その後ベラーは、フランスの思想家トクヴィルを参照しつつ、『心の習慣』（一九八五年）を書いた。アメリカのミドル・クラスの約二〇〇人からのインタビュー調査の分析である。この本で、ウェーバーの理論的な著作が参照されることはない。しかしアメリカに根付いていたプロテスタント的なエートスが掘り崩されつつあることへの危機感が本書の基調になっている。

こうした視角からのウェーバーの読み方は、『イデオロギーの終焉』（一九六〇年）で知られるダニエル・ベル（一九一九〜二〇一一）の『資本主義の文化的矛盾』（一九七六年）にも貫かれている。資本主義経済の進展は、人びとの欲望を刺激し、生活のための必要よりも感性的、あるいは文化的な消費を促すことになるが、これはプロテスタンティズムの禁欲的なエートスとは根本的に対立する。ベルはここに「文化的矛盾」をみる。ウェーバーのプロテスタンティズム研究は、このようにして、その作品自体の内在的な読解というよりも、当時のアメリカ社会を批評する手がかりとして読み直されていく。

こうしてアメリカでウェーバーが読まれる一つの文脈は、道徳の喪失というストーリーになる。こういった読みは、とりわけ保守的な思想と親和的である。ほかでもないダニエル・ベルも社会主義に幻滅した保守の思想家だった。もちろんアラン・ブルーム（一九三〇〜一九九二）のように、「アメリカン・マインド」を掘り崩した張本人として、ニーチェとともにウェーバーを告発する保守の思想家もいる。しかし、プロテスタンティズムの道徳的な基盤が掘り崩されつつある、という言説は、「古きよき時代」の喪失を嘆く保守的な考え方の人によって受容されやすいことも否定できない。

これに対して日本では、こうしたアメリカでの文脈とはずいぶんと異なる文脈で、ウェーバーが読まれてきた。すでに述べたようにウェーバーとマルクスが同時並行的に読まれることも珍しくなかった。ウェーバーの著作が読まれたのは、主として現状に対する批判的な分析のためであった。

クルト・ジンガー、そして日本の受容

一九二〇年七月九日付のドイツの雑誌『経済界』に、ウェーバーの追悼文が掲載された。著者はクルト・ジンガー（一八八六〜一九六二）だった。のちに来日し、日本論の古典の一

つ『三種の神器』（一九七三年）を書くことになる経済学者である。この追悼文で、ジンガーは次のように書いている。

ウェーバーは彼を称賛する人や共闘者とは違う。彼自身のうちに、そして彼のまわりには、アウフヘーベン不可能な、深い他在があり、それがいかなる共同性をも妨げていた。だから彼の死が完結させたのは、どうみても唯一無比で、孤独な存在だった（Zum Gedächtnis Max Webers, S. 403）。

ジンガーは、シュテファン・ゲオルゲのサークルに出入りしていた。ゲオルゲは、ウェーバーが「カリスマ」という概念を用いたときに、意識していたといわれる人物であった。ジンガーが書いたプラトン論は、プラトン受容を考察した佐々木毅の『プラトンの呪縛』（一九九八年）でも言及されているように、典型的にゲオルゲ派のそれであった。そしてジンガーによるウェーバーの追悼文は、とても経済学者による文章とは思えないほど、ウェーバーという「カリスマ」に焦点を当てて書かれている。

日本のウェーバー受容の一つの特徴が、ウェーバーの「人物」に強い関心を寄せる点にあるとすれば、その一つのきっかけとなったのは、ジンガーによる紹介だった。アメリカの社会科学者は、ウェーバーの概念や理論の使えるところを、自分の問題関心に引き寄せて用いる傾向がある。これに対して、すべてではないが、一部の日本の研究者は人物への傾倒を深めていく。こうした動向には、とりわけカール・ヤスパースの本の翻訳『独逸的精神――マクス・ウェーバー』（一九四二年）の影響も大きかった。

丸山眞男

丸山眞男は一九六四年のウェーバー生誕一〇〇年のシンポジウムで「戦前における日本のヴェーバー研究」という報告をし、「求道者ウェーバー」という表現を用いている。こうした傾向は、とりわけ安藤英治らの研究にも色濃くみられる。

一九三一年五月に、ジンガーは来日した。多くのユダヤ人の知識人がそうであったように、彼もドイツにいることが困難になっていたからである。彼は東京大学で経済思想の講義などを担当した。のちに大蔵官僚になり、池田勇人《いけだはやと》（一八九九～一九六五）内閣で所得倍増計画を構想することになる下村治《しもむらおさむ》（一九一〇～一九八九）は、ジンガーの講義でケインズの『貨幣論』（一九三〇年）やジョーン・ロビンソン（一九〇三～一九八三）の『不完全競争の経済学』（一九三三年）といった最先端の研究を知ったと回想している。

ジンガーから教えを受けた一人に大塚久雄がいた。講読の授業では、ウェーバーの『儒教と道教』を読んだ。当時、助手だった大塚は、このときはじめて本格的にウェーバーのテクストに取り組んだ。大塚が一九二七年に東京帝国大学経済学部に入学したとき、岩波書店から刊行されたばかりの、ウェーバー『社会経済史原論』を、彼の父が購入してきたという。この翻訳はウェーバーが最後にミュンヘン大学で講義したもので、その後、改訳されて『一般社会経済史要論』というタイトルで刊行された。しかしその際には、大塚がウェーバーに惹かれる、ということはなかった。大塚のその後の研究の進展にとって決定的なきっかけになったのは、ジンガーの講読の授業だった。

大塚久雄　撮影・濱谷浩©片野恵介

この授業の要求水準はとても高く、受講していた学生はどんどん脱落し、最後にはジンガーと大塚の一対一の形式になり、最後には大塚も体調を崩した。それでも、これが転機となった。それまでウェーバーよりもブレンターノに関心をもっていた大塚は、これ以降、ウェーバー研究に進んでいくことになる。そして大塚がいなければ、丸山眞男がこれほどまでにウェーバーに関心をもつことはなかったであろうし、そうした関心を引き継ぎ、また批判する一連のウェーバー研究は出てこなかったかもしれない。この意味で、同じ時期に来日したカール・レーヴィットとともに、日本のウェーバー受容におけるクルト・ジンガーの功績はとても大きい。

大塚久雄のパラダイム

ジンガーからウェーバーの手ほどきを受けたとはいえ、大塚久雄の研究は、ゲオルゲの弟子としてプラトンについても書いているジンガーのウェーバー理解とはまるで異なっていた。それは当然であるとしても、大塚がジンガーにきっかけを与えられ、独力で開拓することになる理論も、今日の世界における標準的なウェーバー理解からすると、かなりユニークである。大塚は、国家権力に寄生し、暴利をむさぼる商人たちを「前期的資本」と呼んで批判し、「生産倫理」に支えられた「中産的生産者層」の堅実な生産活動に光を当てようとする。こうした視角から大塚は、ウェーバーの『プロテスタンティズムの倫理と資本主義の精神』を解釈し、イギリス経済史の研究をこれにつなげた。戦争のために、大塚にはこのときまで留学の機会がなかった。しかしそうであるから、それだけいっそう理想化して、大塚は彼なりの歪みのない「ヨーロッパ近代」の理想像を描いた。

彼がウェーバーの著作における「エートス」という概念に特別な意味をもたせたのも、こうしたパラダイムにおいてであった。彼は「近代的な人間類型」の理念型をウェーバーのテクスト、とりわけ『プロテスタンティズムの倫理と資本主義の精神』に求めた。そして大塚はダニエル・デフォーの『ロビンソン・クルーソー』の主人公を「合理的な経済人」の理想として読み、それを好んで一般向けに論じた。

こうした読み方を基礎にした大塚の仕事は、非ヨーロッパの言語圏で、ウェーバーのテクストを手がかりにしてヨーロッパ近代の像を手探りで模索した金字塔的な研究となった。しかしそれがウェーバーのテクストの妥当な読み方であるかと問われれば、答えに窮する。『マックス・ウェーバーの日本』を書いたシュヴェントカーは、金融スキャンダルが注目を集めるなかで、ウェーバーの『プロテスタンティズムの倫理と資本主義の精神』を読み直すことで企業倫理について考えようとする、日本のある銀行家の記事を読んで、「西洋の読者にはほんとうに奇妙に見える」と述べている（『マックス・ウェーバーの日本』四頁）。経済人の倫理的手引きとしてプロテスタンティズム研究を読むというのは、ウェーバーその人というよりは、むしろ大塚の「読み」の影響である。

大塚のパラダイムに対しては、ウェーバーはそれほどヨーロッパ近代を「バラ色」には描いておらず、むしろそれに対する批判的な視点を強くもっていたのではないか、という疑問が出されるようになる。また、中野敏男《なかのとしお》（一九五〇〜）が指摘したように、植民地主義など、近代ヨーロッパの負の側面を忘却させる役割を果たしたという評価もある。大塚の生産力論は戦争中に練り上げられており、彼の説く「近代的主体」は戦時動員体制とも矛盾しないどころか、むしろそれを下支えするものとも読める。戦後日本の社会科学を再検討しようとするとき、大塚によるウェーバー読解を避けて通るわけにはいかない。

のちの世代による大塚批判というだけでなく、大塚自身が一九六四年のウェーバー生誕一〇〇年の記念シンポジウムの席などで、それまで規範的かつ肯定的に論じてきた近代資本主義の「エートス」に「合理的非合理性」(『マックス・ヴェーバー研究』三三一頁)を認め、それについて非常に困惑した態度を示す。東京オリンピック前後の社会の変容のなかで、大塚自身も揺らぎ始める。

以上のような大塚久雄を中心に展開されたウェーバー研究は、テクストと真摯に向き合いながらも、結果としては、かなり独自性の高い「物語」を紡いできたことになる。アメリカから来た俳優が東京滞在中に困惑する様をコミカルに描いた、ソフィア・コッポラ(一九七一〜)の映画に『ロスト・イン・トランスレーション』(二〇〇三年)がある。ウェーバーの難解なテクストをできるだけ正確に翻訳することで進められてきた研究が、どうも少し異なる別世界に至るところは、ウェーバー研究の「ロスト・イン・トランスレーション」と呼べるかもしれない。ただ、「翻訳で迷子になる」「肝心なことが見失われる」という悪い意味で、日本におけるウェーバー受容をとらえる必要はないだろう。「迷子」になる危険性は、別の道を発見する可能性でもある。翻訳されることで、そして原文と翻訳を行き来する作業のなかで、自らの言語にまとわりつく自明性は揺さぶられ、そこから新たな思考が始まる。そしてそこで考えられたことが、別の言語圏で関心をもたれることもある。

ニーチェ的契機

ウェーバーとニーチェの親近性に注目したのが、大塚久雄の門下でもあった山之内靖《やまのうちやすし》(一九三三〜二〇一四)だった。彼は大塚のように、ウェーバーの描く「ヨーロッパ近代」を理想的に受け止めるのではなく、むしろウェーバーがそうした近代世界に対して向けるネガティヴな視線に注目する。ヨーロッパ近代は、戦時中の軍国主義体制を批判するときの基準としては有効であったが、そういう読み方では「鉄の檻」のような抑圧的な体制を内部から生み出していくヨーロッパ近代という同じものの別の顔がみえにくくなる。

山之内はこうした点を強調し、近代批判の論点を「ニーチェ的モメント」問題として提示した。ウェーバーの作品史のなかで、『国家学辞典』の項目「古代農業事情」の第三版への改訂に彼がとくに注目するのもこうした視角からであった。祭司権力が戦士層に優越し、支配を安定させるとともに、自由を抑圧していくという話の筋を、山之内は強調する。

ここで祭司というのは「規則正しく組織化され、神々への働きかけを不断の「経営《ベトリーブ》」とする職能者」(MWG I/22-2, S. 158.『宗教社会学』四〇頁)のことである。カリスマ的な宗教の創始者と一般の平信徒のあいだで、祭司階級は宗教共同体を管理・運営する。要するに、彼らは国家の行政でいう官僚に対応する。祭司は宗教的カリスマの言葉を特権的に聞くことができ、それを解釈する知識と権限をもち、それらを一般の人に伝えることで自分たちの権力を確保する。「鉄の檻」とは、こうした階層が支配的になる社会状況のことだ、というわけである。

もっとも、ヨーロッパ近代に批判的なウェーバーという像自体は、それほど目新しいというわけではない、という言い方はできる。ヘルベルト・マルクーゼは一九六四年に『一次元的人間』を書き、学生らから熱烈な支持を受けた。「快適で、摩擦がなくて、道理にかなった、民主的な不自由」を、彼は告発した。ナチ・ドイツやソ連だけではなく、豊かで、自由で、民主的なアメリカ社会も、この種の抑圧と無縁ではない。彼が『一次元的人間』を書いたのは、マックス・ウェーバー生誕一〇〇年に当たる年だった。ハイデルベルク大学で開催されたシンポジウムで、マルクーゼは「産業化と資本主義」という報告を行い、「資本主義の合理性が展開をとげますと、非合理性が理性となる」(『ウェーバーと現代社会学』下、一一頁)と述べた。そしてブルジョワ的な「理性」に留まろうとするウェーバーを、ウェーバー自身のテクストをマルクーゼなりに読み解くことで内側から批判することを試みている。

日本語文献でも、一九六九年に刊行された折原浩の『危機における人間と学問——マージナル・マンの理論とウェーバー像の変貌』は、ウェーバーにおける近代批判の契機を強調しており、こうしたウェーバー読解はもちろん、同時代の大学批判とリンクしていた。近代批判という点で、山之内の研究のオリジナリティを過度に強調するのは適切ではない。

もちろんウェーバーがニーチェを読んでいたことは間違いない。そして近代社会への批判的な眼差しを、ウェーバーがニーチェと共有していたことも事実である。この意味で、ニーチェの後継者としてウェーバーを解釈することは説得的である。ただし、こうしたウェーバー解釈が一九八〇年代の終わりに出され、また注目されたのには、背景となる知の変化があった。この視点によって、それまでの近代主義的な「大塚久雄のパラダイム」が大きく修正される可能性をひめていた、という事情が大きかった。ドイツでもヴィルヘルム・ヘニス（一九二三〜二〇一二）らが、同時期にニーチェとウェーバーの関係に注目する。こうした研究は実証主義的な政治学への批判にはなっても、日本におけるニーチェ＝ウェーバー論が有したほどのインパクトはもちえなかった。ドイツの戦後思想には、大塚パラダイム的なものはなかった。アドルノらフランクフルト学派には、むしろ当初からニーチェ的な契機が入っていた。このためニーチェの（再）発見が大きな意味をもつことはなかった。

ウェーバーのテクストは、「前近代」を批判しようとする研究者からすると「近代的」にみえ、近代に対して批判的に対峙《たいじ》しようとするポストモダニストからすると「ニーチェ的」に映る。山之内の問題提起は、ウェーバーの両義性を確認する結果になった。

「複数の近代」とその後

今日、大塚らの世代がしたような仕方で「ヨーロッパ近代」を主題化することは、ほとんどなくなった。むしろそれぞれの国や文化圏にはそれぞれの形の「複数の近代」があるという、イスラエルの社会学者・文明論者のS・N・アイゼンシュタット（一九二三〜二〇一〇）が論じる「複数の近代」(multiple modernities) の方が受け入れられやすくなっている。

しかし、それにともなって「近代」という概念がなにを意味するのかがますます摑みにくくなっている。そもそもその概念を使ってものを考える必要があるのかどうかも怪しくなってきている。マックス・ウェーバーのテクストとそれをめぐって日本でなされてきたウェーバーに関する研究が、近年、急速に色あせてきたことは、おそらく当然の帰結である。

もちろん、「近代」の名のもとで、ヨーロッパのローカルな価値観が他の文化圏に押し付けられるとすれば、それは問題である。しかし、自分たちの社会のあり方を理解し、それを吟味する基準としての「近代」がなくなるとすると、それはそれで別の問題が出てくる。以前、別のところで、「複数の近代」について論じた際に、次のように書いたことがある。

しかし、〈天賦人権の観念は西洋で生まれたものであり、したがって日本の文化や伝統には馴染まない。むしろ日本には日本にあった権利−義務論が必要だ〉という自民党憲法改正案に見られるような「日本」的近代の構想が出てきたとき、複数の近代というパラダイムは、これはこれで一つの近代化のパターンであると承認するのだろうか（「一九六四年の丸山眞男とヴェーバー研究」『マックス・ヴェーバー研究の現在』三六〇頁）。

「なぜヨーロッパにおいてのみ」「普遍的な意義と妥当性をもつような発展傾向をとる文化的諸現象が姿を現すことになったのか」というウェーバーの問題設定には、私も疑問を抱く。「オリエンタリズム」の問題についても、すでに言及した通りである。ただし、なんらかの普遍的な基準を追求することを放棄して、「ありのまま」の自分を認めようとすれば、その「ありのまま」の自分が自明視しているものを問題化することができなくなる。

日本のウェーバー研究はウェーバーのテクストの「ロスト・イン・トランスレーション」だったかもしれない。しかしそれでも、ウェーバーが描く「ヨーロッパ近代」のスケッチを何度もくりかえし、さまざまな仕方で読み解こうとすることで、日本社会のあり方を批判的に、つまりイマ・ココに閉じこもらない仕方で問い直すことには、大きな意味があった。

ポスト世俗化時代の課題

今日、アメリカにおける宗教保守やイスラーム原理主義など、宗教的なものがリバイバルしている。『プロテスタンティズムの倫理と資本主義の精神』の末尾で、ウェーバーが「精神のない専門人、心情のない享楽人」という有名な表現を用いていることは、本書でも言及した。しかしウェーバーは、そうではないシナリオも挙げている。「まったく新しい預言者たちが現れるのか、あるいはかつての思想や理想の力強い復活が起こるのか」(MWG I/18, S. 488.『プロ倫』三六六頁)と彼は述べている。今日の状況をウェーバーがみたら、どのように解釈するだろうか。

政教分離を国是とするフランスで、ムスリムの女性がスカーフを着用して登校することを禁止するかどうかをめぐる「スカーフ論争」が起こるなど、宗教的なものをめぐる政治問題が前面に出てくるようになった。ヨーロッパへの移民の大量流入によって、こうした問題はいっそう深刻になっている。このような状況のなかで、プロテスタント的な宗教理解とヨーロッパにおける経験から導き出された「政教分離」などの要求の語り方は難しくなっている。ヨーロッパは「地方化」されなければならない。宗教的な観念を世俗の論理から切り離せば、それでうまくいく、というわけではない。ユルゲン・ハーバーマスは次のように述べている。

世俗化された市民は、国家公民としての役割において公共の場で論じるときは、宗教的な世界像には原理的に見て真理のポテンシャルがないと言ってはならないのであり、また信仰を持った市民たちが公共の問題に対して彼らの宗教的な言語で議論を提供する権利を否定してはならないのである。それどころか、リベラルな文化は、宗教的な言語でなされた重要な議論を公共の誰でも分かる言語に翻訳する努力に世俗化された市民たちが参加することを、期待していいのである（『ポスト世俗化時代の哲学と宗教』二三〜二四頁）。

なにが「善き生」なのかをめぐって異なる観念をもった人びとが平和的に共存するためには、ある特定の宗教に依拠した観念を前提とすることはできない。しかし、パティキュラーな宗教的・文化的観念をすべて、公的な議論から排除すればよい、ということにもならない。パブリックな政治的議論であっても、なんらかの宗教的・文化的な背景という知的ストックから滋養をくみ上げることで、それは成り立っている。こうした知的ストックを切り捨ててしまうと、政治に関する動機づけも枯渇してしまう。

ハーバーマスはここで「翻訳」の必要性をいう。ここで「翻訳」というのは、ある言語からある別の言語への変換という狭義の意味での翻訳ではない。ある思考システムで伝承されてきたものを別の思考システムで考えている人にもわかるように、意味を「引き渡す」ことである（ドイツ語の übersetzen には「翻訳」とともに、「向こうに渡す」という意味もある）。

政治領域の議論も、宗教的・文化的なものと完全に切りはなすことはできない。このようななかで、宗教的な観念を整理し、複数の宗教的な世界を対比しながら、ある程度の相互理解を可能にするような議論が必要になっている。しかも、特権的な傍観者の視点からではなく、観察し語るその人自身も一定のバックグラウンドを背負っており、したがって自分だけ「没価値的」ではありえないという前提で、議論がなされなければならない。

ウェーバーによる「ヨーロッパ近代」のスケッチについては、さまざまな受容の可能性があり、また実際、それはさまざまに受容されてきた。「ヨーロッパ近代」が唯一の近代の可能性であるとすることはもはやできないし、「ヨーロッパ近代」の「普遍性」を自明の前提とすることもできない。この意味で、大塚久雄の資本主義理解はもちろんのこと、あたかも理想の既製品であるかのように「ヨーロッパ近代」をとらえ、それを引き受けようとする彼の向き合い方についても、これをそのまま忠実に引き継ぐというわけにはいかない。しかしそれでも、「ヨーロッパ近代」と出会い、それを理解しようとし、それに照らして自らを顧みようとした経験の意味は、いまだからこそ確認しておく価値がある。

もちろん、ヨーロッパにはこれがあるが、日本にはない、というような「欠如論」を復権したいわけではない。しかし、「ありのまま」の自分へのナルシシズムを拒否するのであれば、他者との出会いと、差異の定式化とそれについての反省的な向き合い方が、なんらかの形で必要である。日本でウェーバーを読むという作業の連続には、こうした広い意味での「開国」の経験が伴っていた。開国の必要がウェーバーのテクストを読むことを促し、ウェーバーのテクストを読むことで日本を反省的に捉えかえす試みがなされてきた。「普遍的なもの」がなにかをめぐっては論争があるとしても、「普遍的なもの」を追求する未完の試みがそこにはあった。

あえて大塚パラダイム的な言い方をすれば、いま失われつつあるのは「近代的な価値」それ自体というよりは、むしろそれを支えるエートスの方ではないか。

あとがき

マックス・ウェーバーの没後一〇〇年に当たる二〇二〇年六月一四日の区切りを意識しながら、彼の「哲学的・政治的プロフィール」をなるべく簡潔に描こうとしたのが、本書である。新書という形式なので、比較的幅広い読者を想定して、ちょっとしたエピソードを挿入したり、基本用語の説明を少し多めにしたり、ウェーバーの重要文献についてのブックガイドを付けたりした。

入門書として書かれた小さな本ではあるが、本書には特徴が三つある。多くの特徴がそうであるように、この三点は本書の弱いところでもある。

第一点目は、主として宗教社会学と政治理論に重心を置いて、ウェーバーの生涯と著作を紹介している点である。社会学の方法論の専門家であれば、『学問論』に属する著作群についてより多く書くことになったであろうし、哲学の専門家であれば、新カント派からカッシーラー、ハイデガーという関連のなかでウェーバーの理論を検討することになったかもしれない。プロテスタンティズムの思想史に関心をもつ研究者であれば、アドルフ・フォン・ハルナックやエルンスト・トレルチ、あるいは内村鑑三《うちむらかんぞう》と、ウェーバーの関係を詳しく検討することになったであろう。また経済学者であれば、当然違う書き方になる。

本書がこのような切り込み方をしたのは、宗教社会学と政治理論の交差する点から「ヨーロッパ近代」の語り方を問い直す必要があり、その必要はいまだからこそ大きいという、政治学者としての私の問題関心からである。

第二の特徴は、同時代・非同時代を問わず、比較的多くの関連する人たちに触れながら、ウェーバーの生涯と思想を描こうとした点である。別の言い方をすれば、本書はウェーバーのテクストを丹念に、ゴリゴリと読み解いていくという形の「ウェーバー研究」や「ウェーバー学」ではない。

ウェーバーが著作で言及するプラトン、レンブラント、マルクス、トルストイ、イプセン、同じ時代を生きた森鷗外、ウォルター・リップマン、フランツ・カフカ、ライナー・マリア・リルケ、クルト・ジンガー、トーマス・マン、スコット・フィッツジェラルド、あるいは彼のテクストを参照しながら考えたカール・シュミット、マックス・ホルクハイマー、エーリッヒ・フロム、ダニエル・ベル、丸山眞男、デイヴィッド・リースマン、ロバート・ベラーなど、かなり幅広い人が本書には出てくる。ロールズやアーレントといった、ウェーバーとは相性が悪い政治理論家も登場する。こうした気の散った書き方は、個々の論点の説明不足につながり、表層的な記述につながる。そして実際、そうしたお叱りを受けることになるだろうとも思っている。しかし、いかにウェーバーを読むかが難しくなっている今日、このような仕方でウェーバーをめぐる知的連関をスケッチしてみることには意味があると考えた。

第三の特徴は、ウェーバーが書いた著作を紹介するだけではなく、没後、彼の著作がどのように読まれてきたかについて比較的多くのページを割《さ》いた点である。もちろん日本、ドイツ、アメリカに限定してさえ、その受容の全体からすると、ほんの一部しか扱えていない。近年、スペイン語の文献でウェーバーに言及するものが増えており、中国の研究者によってウェーバー・シンポジウムが開催され、またベイルートでアラビア語の『仕事としての学問』『仕事としての政治』の翻訳が刊行されるなど、ウェーバー受容の広がりは興味深い展開を見せている。これらを最低限だけでも扱うには別の研究が必要である。それでも、受容という視点について強調したことが、本書の一つの特徴になっている。

あるテクストが時代を超えて読まれるということは、別の地域や時代の文脈でそのテクストが新しい意味合いを獲得するからである。古典と呼ばれる本は、その時代のコンテクストが失われてすら、読み継がれる「余地」があるから古典になる。このため古典やその書き手についての研究は、ある時点に出された「完全版」や「決定版」によって完結されるわけではない。時代のコンステレーションが変われば、テクストの読まれ方も変わってくる。ウェーバー没後一〇〇年にウェーバーについて書くということは、彼の著作が彼の死後にどのように多様に読まれてきたのかについて考察するという作業を抜きにしては不可能である。同じことは今後も続く。時間の経過とコンテクストの変化のなかで、ウェーバーをめぐる言説は変化し、そして積み重なる。そうすれば、見え方も変わらざるをえない。こうした意味で、この本も含め、すべての研究は必然的に「中間考察」である。

このようなささやかな本ではあるが、本書の完成までには多くの方々にお世話になった。成蹊大学法学部の野口ゼミの皆さんには『仕事としての学問　仕事としての政治』や『プロテスタンティズムの倫理と資本主義の精神』を読み直すのに付き合ってもらった。「政治学原論」「現代政治理論」の受講生からは、オピニオンシートや答案などを通じて（実は）多くのヒントをもらった。マックス・ウェーバーとその関連の事柄を媒介にして、共に考えてくれたことに感謝したい。

本書の草稿を長野県立大学の野口暢子さんにみてもらった。本書が少しは読みやすいものになっているとすれば、彼女のおかげである。また、成蹊大学図書館のスタッフの皆さんには、「安藤英治氏寄贈」というスタンプの押された本を何度も書庫から出してもらった。御礼申し上げたい。

最後に、中公新書編集部の吉田亮子さんに感謝の意を表したい。企画から脱稿に至るまで、彼女の適度なプレッシャーと適切な心遣いがなければ、本書を書き上げることは難しかったと思う。

二〇二〇年春　学生のいない成蹊大学のカフェ・コミチにて

野口雅弘

ト世俗化時代の哲学と宗教』フロリアン・シュラー編、三島憲一訳、岩波書店、2007年
丸山眞男「開国」『丸山眞男集』第8巻、岩波書店、1996年、45-86頁
宮村治雄『開国経験の思想史——兆民と時代精神』東京大学出版会、1996年
平石直昭『天』三省堂、1996年

徳永恂『社会哲学の復権——ルカーチからアドルノまで』せりか書房、1968年
姜尚中『マックス・ウェーバーと近代』岩波現代文庫、2003年
ヴィルヘルム・ヘニス『マックス・ヴェーバーの問題設定』雀部幸隆・嘉目克彦・豊田謙二・勝又正直訳、恒星社厚生閣、1991年
デートレフ・ポイカート『ウェーバー　近代への診断』雀部幸隆・小野清美訳、名古屋大学出版会、1994年
折原浩『危機における人間と学問——マージナル・マンの理論とウェーバー像の変貌』未來社、1969年
大塚久雄編『マックス・ヴェーバー研究（生誕百年記念シンポジウム）』東京大学出版会、1965年
Shmuel N. Eisenstadt, Multiple Modernities, in: *Daedalus*, Vol. 129, No. 1, 2000, pp. 1-29
Shmuel N. Eisenstadt, *Comparative Civilizations and Multiple Modernities*, 2 vols. Leiden and Boston: Brill, 2003
三島憲一「多様な近代の多様な交錯」『現代思想』2007年11月臨時増刊号、20-27頁
野口雅弘「日本のウェーバー受容における「普遍」の問題」『比較のエートス——冷戦の終焉以後のマックス・ウェーバー』法政大学出版局、2011年、185-227頁
野口雅弘「一九六四年の丸山眞男とヴェーバー研究——「複数の近代」multiple modernities をめぐって」、中野敏男ほか編『マックス・ヴェーバー研究の現在——資本主義・民主主義・福祉国家の変容の中で』創文社、2016年
Wolfgang J. Mommsen/Wolfgang Schwentker (Hg.), *Max Weber und das moderne Japan*, Göttingen: Vandenhoeck & Ruprecht, 1999
Dipesh Chakrabarty, *Provincializing Europe: Postcolonial Thought and Historical Difference*, Princeton: Princeton University Press, 2000
ユルゲン・ハーバーマス／ヨーゼフ・ラッツィンガー『ポス

訳、みすず書房、1988年
Kurt Singer, Zum Gedächtnis Max Webers, *Wirtschaftsdienst*, Nr. 28 vom 9. Juli 1920, S. 403-404
クルト・ジンガー『三種の神器——西洋人の日本文化史観』鯖田豊之、講談社学術文庫、1994年
Masahiro Noguchi, Ein Leben im Exil. Zur intellektuellen Biographie Kurt Singers (1886-1962), in: Bernd Hausberger (Hg.), *Globale Lebensläufe. Menschen als Akteure des weltgeschichtlichen Geschehen*, Wien: Mandelbaum Verlag, 2006, pp. 217-232
カール・ヤスペルス『独逸的精神——マクス・ウェーバー』森昭訳、弘文堂、1942年（のちにカール・ヤスパース『マックス・ウェーバー〔ヤスパース選集13〕』樺俊雄訳、理想社、1966年）
佐々木毅『プラトンの呪縛』講談社学術文庫、2000年
丸山眞男「戦前における日本のヴェーバー研究」『丸山眞男集』第9巻、岩波書店、1996年、295-320頁
下村治「所得倍増計画の誕生」『エコノミスト』1981年4月7日号、80-87頁
大塚久雄「ヴェーバー社会学との出合い」（1964年）『大塚久雄著作集』第9巻、岩波書店、1969年、210-217頁
大塚久雄『社会科学における人間』岩波新書、1977年
日本経済新聞「温泉でマックス・ウェーバー」1991年9月13日朝刊
石崎津義男『大塚久雄　人と学問』みすず書房、2006年
中野敏男『大塚久雄と丸山眞男——動員、主体、戦争責任』青土社、2001年
恒木健太郎『「思想」としての大塚史学——戦後啓蒙と日本現代史』新泉社、2013年
山之内靖『ニーチェとヴェーバー』未來社、1993年
ヘルベルト・マルクーゼ『一次元的人間——先進産業社会におけるイデオロギーの研究』生松敬三・三沢謙一訳、河出書房新社、1974年

社、1971年
Max Weber Stiftung (Hg.), *Max Weber in der Welt: Rezeption und Wirkung*, Tübingen: Mohr Siebeck, 2014
アイザィア・バーリン『自由論』小川晃一・小池銈・福田歓一・生松敬三訳、みすず書房、1971年
市野川容孝「社会学と生物学――黎明期のドイツ社会学に関する一考察」『現代思想』2007年11月臨時増刊号（総特集＝マックス・ウェーバー）、157-173頁
高城和義『パーソンズとウェーバー』岩波書店、2003年
アーサー・ミッツマン『鉄の檻――マックス・ウェーバー 一つの人間劇』安藤英治訳、創文社、1975年
Lawrence A. Scaff, *Fleeing the Iron Cage: Culture, Politics, and Modernity in the Thought of Max Weber*, Berkeley: University of California Press, 1989
荒川敏彦「殻の中に住むものは誰か――「鉄の檻」的ヴェーバー像からの解放」『現代思想』2007年11月臨時増刊号、78-97頁
ジョン・バニヤン『天路歴程』第一部・第二部、竹友藻風訳、岩波文庫、1951年
ハンナ・アーレント『エルサレムのアイヒマン――悪の陳腐さについての報告』新版、大久保和郎訳、みすず書房、2017年
Bettina Stangneth, *Eichmann vor Jerusalem. Das unbehelligte Leben eines Massenmörders*, Zürich: Arche Verlag, 2011
ロバート・N・ベラー『徳川時代の宗教』池田昭訳、岩波文庫、1996年
ロバート・N・ベラー『心の習慣――アメリカ個人主義のゆくえ』島薗進・中村圭志訳、みすず書房、1991年
丸山眞男「ベラー「徳川時代の宗教」について」『丸山眞男集』第7巻、岩波書店、1996年、253-289頁
ダニエル・ベル『資本主義の文化的矛盾』上・中・下、林雄二郎訳、講談社学術文庫、1976/77年
アラン・ブルーム『アメリカン・マインドの終焉』菅野盾樹

佐野誠『ヴェーバーとナチズムの間——近代ドイツの法・国家・宗教』名古屋大学出版会、1993年

終　章

【ウェーバーのテクスト】
Die Begriffe Rasse und Gesellschaft, in: MWG I/12, S. 243-260
The Protestant Ethic and the Spirit of Capitalism and Other Writings, Translated by Peter Baehr, Gordon C. Wells, London: Penguin Classics, 2002
ウェーバー『一般社会経済史要論』上・下、黒正巖・青山秀夫訳、岩波書店、1954/55年〔MWG III/6〕
【関連文献】
アルフレッド・W・クロスビー『史上最悪のインフルエンザ——忘れられたパンデミック』新装版、西村秀一訳、みすず書房、2009年
Marianne Weber, *Ehefrau und Mutter in der Rechtsentwicklung. Eine Einführung*, Tübingen: J. C. B. Mohr, 1907
上山安敏『神話と科学——ヨーロッパ知識社会 世紀末～20世紀』岩波書店、1984年
ライナー・マリア・リルケ『新訳リルケ詩集』富岡近雄訳、郁文堂、2003年
Dirk Kaesler, Die Zeit der Außenseiter in der deutschen Soziologie, in: Karl-Ludwig Ay und Knut Borchardt（Hg.）, *Das Faszinosum Max Weber. Die Geschichte seiner Geltung*, Konstanz: UVK Verlagsgesellschaft, 2006, S. 169-195
テーオドーア・ホイス「マックス・ヴェーバーとその現在」中村貞二訳、ヴェーバー『政治論集』1〔ブックガイドのIを参照〕の巻頭（7-35頁）に所収
Carl Schmitt, Soziologie des Souveränitätsbegriffes und politische Theologie, in: *Hauptprobleme der Soziologie: Erinnerungsgabe für Max Weber*, Bd. 2, München: Duncker & Humblot, 1923, S. 3-35
カール・シュミット『政治神学』田中浩・原田武雄訳、未來

2019年
カール・レーヴィット『ウェーバーとマルクス』柴田治三郎・脇圭平・安藤英治訳、未來社、1966年
大塚久雄『社会科学の方法――ヴェーバーとマルクス』岩波新書、1966年
パウル・ホーニヒスハイム『マックス・ウェーバーの思い出』大林信治訳、みすず書房、1972年
ハンス・ケルゼン『民主主義の本質と価値 他一篇』長尾龍一・植田俊太郎訳、岩波文庫、2015年
佐々木毅「[時代の証言者] 学問と政治　佐々木毅 (21) 選挙制度改革に力注ぐ」『読売新聞』2018年10月13日朝刊
野口雅弘「比例代表制をめぐるウェーバーとケルゼン――「政治空白」という用語について」『成蹊法学』第88号、2018年、39-68頁
ヘルベルト・マルクーゼ「ドイツにおける旧政党の再建と新党の立ち上げについての政策」、R・ラウダーニ編『フランクフルト学派のナチ・ドイツ秘密レポート』野口雅弘訳、みすず書房、2019年、178-197頁
マウロ・カリーゼ『政党支配の終焉――カリスマなき指導者の時代』村上信一郎訳、法政大学出版局、2012年
レオ・シュトラウス『自然権と歴史』塚崎智・石崎嘉彦訳、ちくま学芸文庫、2013年
Alexander Kluge, Trump hat das Charisma eines betrunkenen Elefanten, in: *Die Welt* vom 14.11.2016〔https://www.welt.de/kultur/article159445914/Trump-hat-das-Charisma-eines-betrunkenen-Elefanten.html〕(2020年2月14日閲覧)
Joachim Radkau, Die Heldenekstase der betrunkenen Elefanten: Das Natursubstrat bei Max Weber, in: *Leviathan*, Vol. 34, No. 4, 2006, pp. 533-559
カール・マンハイム『イデオロギーとユートピア』高橋徹・徳永恂訳、中公クラシックス、2006年
エルンスト・トラー『獄中からの手紙・燕の書』島谷逸夫・村山知義訳、東邦出版社、1971年

ダニエル・A・ベル『「アジア的価値」とリベラル・デモクラシー——東洋と西洋の対話』施光恒・蓮見二郎訳、風行社、2006年
野口雅弘『闘争と文化——マックス・ウェーバーの文化社会学と政治理論』みすず書房、2006年

第六章

【ウェーバーのテクスト】

「〔ライヒ〕大統領」山田高生訳、『政治論集』2〔ブックガイドのⅠを参照〕550-554頁〔MWG I/16〕
『古代ユダヤ教』上・中・下、内田芳明訳、岩波文庫、1996年〔MWG I/21〕

【関連文献】

Immanuel Birnbaum, *Achtzig Jahre dabei gewesen. Erinnerungen eines Journalisten*, München: Süddeutscher Verlag, 1974
安藤英治『回想のマックス・ウェーバー——同時代人の証言』亀嶋庸一編、今野元訳、岩波書店、2005年
安藤英治『ウェーバー紀行』岩波書店、1972年
オットー・シュタマー編『ウェーバーと現代社会学』上・下、出口勇蔵監訳、木鐸社、1976年
牧野雅彦『ヴェルサイユ条約——マックス・ウェーバーとドイツの講和』中公新書、2009年
トーマス・マン『トーマス・マン日記 1918-1921』森川俊夫ほか訳、紀伊國屋書店、2016年
脇圭平『知識人と政治——ドイツ・1914～1933』岩波新書、1973年
丸山眞男「「現実」主義の陥穽」『丸山眞男集』第5巻、岩波書店、1995年、193-209頁
遠藤誠治「現代世界における戦争と暴力」、成蹊大学法学部編『教養としての政治学入門』ちくま新書、2019年、103-130頁
ヤシャ・モンク『民主主義を救え！』吉田徹訳、岩波書店、

3篇』中山元訳、光文社古典新訳文庫、2006年
リュック・ボルタンスキー／エヴ・シャペロ『資本主義の新たな精神』上・下、三浦直希・海老塚明・川野英二・白鳥義彦・須田文明・立見淳哉訳、ナカニシヤ出版、2013年
ライナー・マリア・リルケ『リルケ詩集』高安国世訳、岩波文庫、2010年
José M. González García, Max Weber, Goethe and Rilke: The Magic of Language and Music in a Disenchanted World, in: *Max Weber Studies*, Vol. 11, No. 2, 2011, pp. 267-288
Eric Voegelin, *Die Grösse Max Webers*, München: Wilhelm Fink Verlag, 1995
和泉浩『近代音楽のパラドクス——マックス・ウェーバー「音楽社会学」と音楽の合理化』ハーベスト社、2003年
M. Rainer Lepsius, Mina Tobler and Max Weber: Passion Confined, in: *Max Weber Studies*, Vol. 4, No. 1, 2004, pp. 9-21
ヴォルフガング・シュルフター『現世支配の合理主義——マックス・ヴェーバー研究』米沢和彦・嘉目克彦訳、未來社、1984年
横田理博『ウェーバーの倫理思想——比較宗教社会学に込められた倫理観』未來社、2011年
デイヴィッド・リースマン『孤独な群衆』上・下、加藤秀俊訳、みすず書房、2013年
ジョン・ミルトン『失楽園』上・下、平井正穂訳、岩波文庫、1981年
モンテスキュー『法の精神』上・中・下、野田良之ほか訳、岩波文庫、1989年
エドワード・W・サイード『オリエンタリズム』上・下、板垣雄三・杉田英明監修、今沢紀子訳、平凡社ライブラリー、1993年
増澤知子『世界宗教の発明——ヨーロッパ普遍主義と多元主義の言説』秋山淑子・中村圭志訳、みすず書房、2015年
タラル・アサド『世俗の形成——キリスト教、イスラム、近代』中村圭志訳、みすず書房、2006年

第五章
【ウェーバーのテクスト】
『ヒンドゥー教と仏教』深沢宏訳、東洋経済新報社、2002年〔MWG I/20〕
Neuigkeiten aus dem Verlag von J. C. B. Mohr (Paul Siebeck) und der H. Laupp'schen Buchhandlung, Nr. 3, 25. Oktober 1919, S. 11〔MWG I/19〕
「世界宗教の経済倫理　序論」『宗教社会学論選』〔ブックガイドのⅠを参照〕31-96頁〔MWG I/19〕
『宗教社会学』武藤一雄・薗田宗人・薗田坦訳、創文社、1976年〔MWG I/22-2〕
「宗教社会学論集　序言」『宗教社会学論選』〔ブックガイドのⅠを参照〕3-29頁〔MWG I/18〕
『社会学・経済学の「価値自由」の意味』改訂版、木本幸造監訳、日本評論社、1972年〔MWG I/12〕
『音楽社会学』安藤英治・池宮英才・角倉一朗訳、創文社、1967年〔MWG I/14〕
『古代社会経済史——古代農業事情』上原専禄・増田四郎監修、渡辺金一・弓削達訳、東洋経済新報社、1959年〔MWG I/6〕
『儒教と道教』木全徳雄訳、創文社、1971年〔MWG I/19〕
【関連文献】
Wolfgang Schluchter, *Max Webers späte Soziologie*, Tübingen: Mohr Siebeck, 2016
ヴォルフガング・シュルフター／折原浩『『経済と社会』再構成論の新展開——ヴェーバー研究の非神話化と『全集』版のゆくえ』鈴木宗徳・山口宏訳、未來社、2000年
フリードリッヒ・H・テンブルック『マックス・ヴェーバーの業績』住谷一彦・小林純・山田正範訳、未來社、1997年
モリス・バーマン『デカルトからベイトソンへ——世界の再魔術化』復刻版、柴田元幸訳、文藝春秋、2019年
イマヌエル・カント『永遠平和のために／啓蒙とは何か 他

訳、みすず書房、2006年
ウォルター・リップマン『世論』上・下、掛川トミ子訳、岩波文庫、1987年
ホルクハイマー／アドルノ『啓蒙の弁証法——哲学的断想』徳永恂訳、岩波文庫、2007年
ロベルト・ミヘルス『現代民主主義における政党の社会学——集団活動の寡頭制的傾向についての研究』森博・樋口晟子訳、木鐸社、1990年
亀嶋庸一『ベルンシュタイン——亡命と世紀末の思想』みすず書房、1995年
ニッコロ・マキァヴェッリ『フィレンツェ史』上・下、齊藤寛海訳、岩波文庫、2012年
カール・マルクス『資本論』第一巻上・下〔マルクス・コレクションIV・V〕、今村仁司・三島憲一・鈴木直訳、筑摩書房、2005年
丸山眞男「忠誠と反逆」『丸山眞男集』第8巻、岩波書店、1996年、163-277頁
Roland Girtler, *Max Weber in Wien: Sein Disput mit Joseph Schumpeter im Café Landtmann*, Münster: Lit Verlag, 2012
ヨーゼフ・シュムペーター『資本主義・社会主義・民主主義』新装版、中山伊知郎・東畑精一訳、東洋経済新報社、1995年
ロバート・K・マートン『社会理論と社会構造』森東吾・森好夫・金沢実・中島竜太郎訳、みすず書房、1961年
野口雅弘『官僚制批判の論理と心理——デモクラシーの友と敵』中公新書、2011年
パウル・クレー『造形思考』上・下、土方定一・菊盛英夫・坂崎乙郎訳、ちくま学芸文庫、2016年
Alfred Weber, Der Beamte, in: *Die Neue Rundschau*, XXI, 1910, S. 1321-1339
フランツ・カフカ『流刑地にて』池内紀訳、白水社Uブックス、2006年

巻上・下、第二巻上・下、松本礼二訳、岩波文庫、2005/2008年
Lawrence A. Scaff, *Max Weber in America*, Princeton, NJ: Princeton University Press, 2011
スコット・フィッツジェラルド『グレート・ギャツビー』村上春樹訳、中央公論新社、2006年
ベンジャミン・フランクリン『フランクリン自伝』松本慎一・西川正身訳、岩波文庫、1957年

第四章

【ウェーバーのテクスト】

『社会主義』濱島朗訳、講談社学術文庫、1980年〔MWG I/15〕
『ロシア革命論』1・2、雀部幸隆・小島定・肥前栄一・鈴木健夫・小島修一・佐藤芳行訳、名古屋大学出版会、1997/98年〔MWG I/10〕

【関連文献】

富永健一『マックス・ヴェーバーとアジアの近代化』講談社学術文庫、1998年
Sam Whimster (ed.), *Max Weber and the Culture of Anarchy*, London: Macmillan, 1999
ヴァルター・ベンヤミン「経験と貧困」浅井健二郎訳、『ベンヤミン・コレクション2 エッセイの思想』浅井健二郎ほか訳、ちくま学芸文庫、1996年、371-384頁
加藤周一『言葉と戦車を見すえて――加藤周一が考えつづけてきたこと』ちくま学芸文庫、2009年
ジョン・ロールズ『正義論』改訂版、川本隆史・福間聡・神島裕子訳、紀伊國屋書店、2010年
Raymond Geuss, *Philosophy and Real Politics*, Princeton, NJ: Princeton University Press, 2008
ハンナ・アーレント『暴力について――共和国の危機』山田正行訳、みすず書房、2000年
ヴァージニア・ウルフ『三ギニー――戦争と女性』出淵敬子

ス・ヴェーバー受容の一断面』中川書店、2014年
藤原聖子『教科書の中の宗教――この奇妙な実態』岩波新書、2011年
セーレン・キルケゴール「瞬間」松浪信三郎・泉治典訳、『キルケゴール著作集』第19巻、白水社、1964年、7-272頁
ゲオルク・イェリネック『人権宣言論争――イェリネック対ブトミー』初宿正典訳、みすず書房、1995年
佐藤俊樹『社会科学と因果分析――ウェーバーの方法論から知の現在へ』岩波書店、2019年
ヨハン・ヴォルフガング・フォン・ゲーテ『親和力』柴田翔訳、講談社文芸文庫、1997年
ヴァージニア・ウルフ『女性にとっての職業』新装版、出淵敬子・川本静子ほか訳、みすず書房、2019年
宮下規久朗『カラヴァッジョ《聖マタイの召命》』ちくまプリマー新書、2020年
大塚久雄・嘉門安雄「(対談) レンブラント」『大塚久雄著作集』第4巻、岩波書店、1969年、355-389頁
エーリッヒ・フロム『自由からの逃走』日高六郎訳、東京創元社、1952年
加藤節『ジョン・ロック――神と人間との間』岩波新書、2018年
松下圭一『ロック『市民政府論』を読む』岩波現代文庫、2014年
ベンジャミン・フランクリン『若き商人への手紙』ハイブロー武蔵訳、総合法令出版、2004年
ダニエル・デフォー『ロビンソン・クルーソー』唐戸信嘉訳、光文社古典新訳文庫、2018年
フリードリヒ・ニーチェ『ツァラトゥストラ』上・下、吉沢伝三郎訳、ちくま学芸文庫、1993年
クラウス・オッフェ『アメリカの省察――トクヴィル・ウェーバー・アドルノ』野口雅弘訳、法政大学出版局、2009年
アレクシ・ド・トクヴィル『アメリカのデモクラシー』第一

第三章

【ウェーバーのテクスト】

『プロテスタンティズムの倫理と資本主義の精神』〔ブックガイドのⅠを参照〕

『取引所』中村貞二・柴田固弘訳、未來社、1968年〔MWG I/5〕

『ロッシャーとクニース』1・2、松井秀親訳、未來社、1955/56年〔MWG I/7〕

『社会科学と社会政策にかかわる認識の「客観性」』〔ブックガイドのⅠを参照〕

「国民経済の生産性によせて」中村貞二訳、『政治論集』1〔ブックガイドのⅠを参照〕107-113頁〔MWG I/12〕

The Profession and Vocation of Politics, in: *Weber: Political Writings*, Cambridge University Press, 1994

「プロテスタンティズムの教派と資本主義の精神」中村貞二訳、『ウェーバー 宗教社会論集〔世界の大思想 第Ⅱ期 7〕』河出書房新社、1972年、83-114頁〔MWG I/18〕

【関連文献】

ジョン・ステュアート・ミル『ミル自伝』朱牟田夏雄訳、岩波文庫、1960年

レフ・トルストイ『懺悔』原久一郎訳、岩波文庫、1935年

ヘンリック・イブセン『ジョン・ガブリエル・ボルクマン』森鷗外訳、画報社、1909年〔http://dl.ndl.go.jp/info:ndljp/pid/896960〕(2020年4月3日閲覧)

向井守『マックス・ウェーバーの科学論――ディルタイからウェーバーへの精神史的考察』ミネルヴァ書房、1997年

碧海純一『合理主義の復権――反時代的考察』増補版、木鐸社、1976年

カール・シュミット『政治的ロマン主義』大久保和郎訳、みすず書房、2012年

安藤英治『マックス・ウェーバー研究――エートス問題としての方法論研究』未來社、1965年

三苫利幸『「価値自由」論の系譜――日本におけるマック

ンを超えて』弘文堂、1993年
吉野作造「スタイン、グナイストと伊藤博文」『吉野作造選集』第11巻、岩波書店、1995年、342-363頁
ハンス＝ヴェルナー・プラール『大学制度の社会史』新装版、山本尤訳、法政大学出版局、2015年
川島武宜『日本社会の家族的構成』学生書房、1948年
川島武宜『イデオロギーとしての家族制度』岩波書店、1957年
丸山眞男「『文明論之概略』を読む」1・2『丸山眞男集』第13-14巻、岩波書店、1996年
野口雅弘『忖度と官僚制の政治学』青土社、2018年
Richard Swedberg/Ola Agevall, *The Max Weber Dictionary: Key Words and Central Concepts*, 2nd edition, CA: Stanford University Press, 2016
Hans-Peter Müller/Steffen Sigmund, *Max Weber-Handbuch: Leben - Werk - Wirkung*, Weimar: J. B. Metzler, 2014
フランツ・カフカ「父への手紙」『ノート2　掟の問題』池内紀訳、白水社Uブックス、2006年、59-137頁
西尾勝『行政学』新版、有斐閣、2001年
マーティン・アルブロウ『官僚制』君村昌訳、福村出版、1974年
丸山眞男・安藤英治「ウェーバー研究の夜明け」『丸山眞男座談〈8〉1977-1982』岩波書店、1998年、192-201頁
野﨑敏郎『大学人ヴェーバーの軌跡——闘う社会科学者』晃洋書房、2011年
今野元『マックス・ヴェーバーとポーランド問題——ヴィルヘルム期ドイツ・ナショナリズム研究序説』東京大学出版会、2003年
クリスタ・クリューガー『マックス・ウェーバーと妻マリアンネ——結婚生活の光と影』徳永恂・加藤精司・八木橋貢訳、新曜社、2007年

【関連文献】

大塚久雄・川島武宜・土居健郎『「甘え」と社会科学』弘文堂選書、1976年

エドゥワルト・バウムガルテン『マックス・ヴェーバー　人と業績』生松敬三訳、福村出版、1971年

ウィリアム・E・コノリー『アイデンティティ＼差異——他者性の政治』杉田敦・齋藤純一・権左武志訳、岩波書店、1998年

Wolf-Diedrich Reinbach, *Max Weber und die Burschenschaft Allemannia Heidelberg*, 3. Aufl., Heidelberg: Reinbach, 2003〔図版入りの第4版はオンラインで公開されている。http://www.allemannia.de/fileadmin/bilder_inhalt/Dateien/Max_Weber_Allemannia_Reinbach.pdf〕（2020年4月3日閲覧）

ウォルター・Z・ラカー『ドイツ青年運動——ワンダーフォーゲルからナチズムへ』西村稔訳、人文書院、1985年

田村栄子『若き教養市民層とナチズム——ドイツ青年・学生運動の思想の社会史』名古屋大学出版会、1996年

米沢和彦『ドイツ社会学史研究——ドイツ社会学会の設立とヴァイマル期における歴史的展開』恒星社厚生閣、1991年

Talcott Parsons, Law as an Intellectual Stepchild, in: *Sociological Inquiry*, Vol. 47, No. 3-4, 1977, pp. 11-58

エミール・デュルケーム『社会分業論』田原音和訳、ちくま学芸文庫、2017年

Werner Gephart, *Gesellschaftstheorie und Recht. Das Recht im soziologischen Diskurs der Moderne*, Frankfurt am Main: Suhrkamp, 1993

Werner Gephart, *Law, Culture, and Society. Max Weber's Comparative Cultural Sociology of Law*, Frankfurt am Main: Vittorio Klostermann, 2015〔MWG I/22-3の解説部分の英訳〕

中野敏男『近代法システムと批判——ウェーバーからルーマ

テーオドール・シュトルム「市参事会員の息子たち」永井千鶴子訳、『シュトルム名作集』II、日本シュトルム協会編訳、三元社、2009年、45-86頁
増田四郎『西欧市民意識の形成』講談社学術文庫、1995年
田中豊治『ヴェーバー都市論の射程』岩波書店、1986年
後藤昭次「超絶主義とエマソン」、大下尚一編『ピューリタニズムとアメリカ』南雲堂、1969年、207-238頁
アウグスティヌス『神の国』一、服部英次郎訳、岩波文庫、1982年

第二章

【ウェーバーのテクスト】

『支配の社会学』I・II、世良晃志郎訳、創文社、1960/62年〔WMG I/22-4〕
『少年期ヴェーバー　古代・中世史論』今野元編訳、岩波書店、2009年
『理解社会学のカテゴリー』海老原明夫・中野敏男訳、未來社、1990年〔WMG I/12〕
「文化科学の論理学の領域における批判的研究」『歴史は科学か』森岡弘通訳、みすず書房、1987年〔WMG I/7〕
『支配の諸類型』世良晃志郎訳、創文社、1970年〔MWG I/23〕
『権力と支配』濱嶋朗訳、講談社学術文庫、2012年〔MWG I/23〕
『社会学の根本概念』清水幾太郎訳、岩波文庫、1972年〔MWG I/23〕
『法社会学』世良晃志郎訳、創文社、1974年〔WMG I/22-3〕
『ウェーバーの大学論』上山安敏・三吉敏博・西村稔編訳、木鐸社、1979年〔MWG I/13〕
『国民国家と経済政策』田中真晴訳、未來社、2000年〔MWG I/4-2〕
『東エルベ・ドイツにおける農業労働者の状態』肥前栄一訳、未來社、2003年〔MWG I/3-1, 2〕

ヴォルフガング・シュヴェントカー「日独交流における社会政策の方法論——福田徳三とルーヨ・ブレンターノ（1898-1930）」、冨山一郎・田沼幸子編『コンフリクトから問う——その方法論的検討』大阪大学出版会、2012年、71-88頁
ユルゲン・ハーバーマス『哲学的・政治的プロフィール——現代ヨーロッパの哲学者たち』上・下、小牧治・村上隆夫訳、未來社、1999年
ロベルト・ステファン・フォア／ヤシャ・モンク「民主主義の脱定着へ向けた危険」『世界』2017年２月号、144-155頁

第一章

【ウェーバーのテクスト】
「中間考察——宗教的現世拒否の段階と方向に関する理論」『宗教社会学論選』〔ブックガイドのⅠを参照〕97-163頁〔MWG I/19〕
『都市の類型学』世良晃志郎訳、創文社、1964年〔MWG I/22-5〕
「都市の制度と行政組織によせて」中村貞二訳、『政治論集』１〔ブックガイドのⅠを参照〕92-99頁〔MWG I/8〕
『青年時代の手紙』上・下、阿閉吉男・佐藤自郎訳、勁草書房、1973年〔MWG II/1〕
「新秩序ドイツの議会と政府」中村貞二・山田高生訳、『政治論集』２〔ブックガイドのⅠを参照〕333-486頁〔MWG I/15〕
「二つの律法のはざま」山田高生訳、『政治論集』１、161-165頁〔MWG I/15〕
【関連文献】
クリフォード・ギアーツ『文化の解釈学』吉田禎吾・柳川啓一・中牧弘允・板橋作美訳、岩波書店、1987年
マルティン・ルター「ドイツ全都市の市参事会員に対する勧告」『現世の主権について 他二篇』吉村善夫訳、岩波文庫、1954年、151-190頁

ミリーヒストリーに関する研究〕
Joachim Radkau, *Max Weber. Die Leidenschaft des Denkens*, München: Carl Hanser Verlag, 2005〔ウェーバー全集で大量の書簡が読めるようになったこともあり、近年、ドイツでは多くの伝記が刊行されている。たとえば、社会学者で、ウェーバー研究の専門家として知られるディルク・ケースラー（Dirk Kaesler）による *Max Weber: Preuße, Denker, Muttersohn. Eine Biographie*, München: Verlag C.H. Beck, 2014 や『フランクフルト・アルゲマイネ紙』などの文芸欄を担当してきたジャーナリストのユルゲン・カウベ（Jürgen Kaube）による *Max Weber. Ein Leben zwischen den Epochen*, Berlin: Rowohlt, 2014 などである。本書ではとくに、『自然と権力』や『ドイツ反原発運動小史』などの邦訳もある歴史家のヨアヒム・ラートカウによる研究『マックス・ウェーバー――思考の情熱』を挙げておきたい〕
マーティン・グリーン『リヒトホーフェン姉妹――思想史のなかの女性 1870-1970』塚本明子訳、みすず書房、2003年〔ウェーバーの弟子であり、生涯にわたって親密な関係にあったエルゼ・ヤッフェと、『チャタレー夫人の恋人』のD・H・ロレンスと駆け落ちしたエルゼの妹フリーダ・ロレンスを主題にした本。ウェーバーその人についての研究ではないが、彼の時代を理解するうえで有益〕

III　本書で言及した文献

はじめに

丸山眞男「何を読むべきか」『丸山眞男集』第３巻、岩波書店、1995年、37-39頁
ヴォルフガング・シュヴェントカー『マックス・ウェーバーの日本――受容史の研究 1905-1995』野口雅弘・鈴木直・細井保・木村裕之訳、みすず書房、2013年
Tokuzo Fukuda, *Die gesellschaftliche und wirtschaftliche Entwickelung in Japan*, Stuttgart: Cotta, 1900

要〕
『宗教社会学論選』大塚久雄・生松敬三訳、みすず書房、1972年〔MWG I/18, I/19.『宗教社会学論集』に収録されている核となる論文（『宗教社会学論集』全体の「序言」、「世界宗教の経済倫理」の「序論」と「中間考察」、『儒教と道教』の結論「儒教とピュウリタニズム」）を集めた日本語オリジナル編集版。ウェーバーの宗教社会学を学ぶためには、この本が必読文献である〕

II　伝記などの基本文献

マリアンネ・ウェーバー『マックス・ウェーバー』大久保和郎訳、みすず書房、1987年〔ウェーバーの妻による伝記。最初に読むべき本。ただ、「偶像崇拝的」などの批判がないわけではない。ドイツ語版の副題 ein Lebensdbild（一つの人生の像、つまり伝記）から LB と略記されることもある〕
ヴォルフガング・J・モムゼン『マックス・ヴェーバーとドイツ政治 1890-1920』I・II、安世舟・五十嵐一郎・田中浩・小林純・牧野雅彦訳、未來社、1993/94年〔いくぶん古い研究ではあるが、政治史、政治理論の分野でウェーバーの勉強をするときには、今日でも最重要の研究である。ウェーバーとナチズムの関係を問い直そうとする問題意識から書かれている。ただし、1959年の初版に比べて、改訂版では、ウェーバーに対する批判のトーンは抑えられている。モムゼンはその後、ウェーバー全集 MWG の編集に尽力した。本書の著者とはかなり解釈は異なるが、政治史家による伝記的研究としては、今野元『マックス・ヴェーバー――ある西欧派ドイツ・ナショナリストの生涯』東京大学出版会、2007年も充実している〕
Guenther Roth, *Max Webers deutsch-englische Familiengeschichte 1800-1950. Mit Briefen und Dokumenten*, Tübingen: Mohr Siebeck Verlag, 2001〔ウェーバーのファ

治・立野保男、折原浩補訳、岩波文庫、1998年〔MWG I/7. 方法論に関する著作で一冊をあげるとすれば、この本になる。「客観的な議論」や「中立・公平な報道」という表現に疑問をもったことがない人に、ぜひお読みいただきたい〕

『プロテスタンティズムの倫理と資本主義の精神』大塚久雄訳、岩波文庫、1989年〔MWG I/18（雑誌に掲載されたオリジナル論文はMWG I/9）. 出典を示す際には『プロ倫』と略記する。本書では広く普及している岩波文庫の大塚訳に依拠する。ただし、この訳には大塚の「読み」が強く反映されているところもあるので、疑問をもったら、梶山力訳、安藤英治編『プロテスタンティズムの倫理と資本主義の《精神》』未來社、1994年を参照することをお勧めする。最近、刊行された戸田聡訳『宗教社会学論集』第1巻上、北海道大学出版会、2019年にも、このテクストの新訳が収録されている〕

『仕事としての学問　仕事としての政治』野口雅弘訳、講談社学術文庫、2018年〔MWG I/17. 学問と政治の二つのベルーフ（仕事）講演の翻訳。講演ではあるが、ウェーバーの理論の集大成ともいえる内容になっている。翻訳は複数あるが、ここでは拙訳を用いた。尾高邦雄訳『職業としての学問』岩波文庫、1936年、改訂版1980年、脇圭平訳『職業としての政治』岩波文庫、1980年は、広く読まれてきた。野﨑敏郎訳『ヴェーバー『職業としての学問』の研究』晃洋書房、2016年は、訳注が充実している〕

『政治論集』1・2、中村貞二・山田高生・林道義・脇圭平・嘉目克彦訳、みすず書房、1982年〔MWG I/8, I/12, I/15, I/16. 邦訳書には、フライブルク大学教授就任演説「国民国家と経済政策」から、新聞などに発表された時事論文などが収められている。そのときそのときの歴史的文脈のなかで、彼はポジションとテーゼを明確にして、時代にコミットしている。ウェーバーの戦後構想が一番包括的に描かれている「新秩序ドイツの議会と政府」がとくに重

ブックガイド

Iではウェーバーの重要著作、IIでは伝記などの基本文献、そしてIIIでは本書の各章で言及した文献をリストアップする。比較的入手しやすい日本語文献を中心に紹介する。ただし、ウェーバー関連の文献は日本語に限定しても、あまりに膨大なので、本書で言及できなかった重要な文献が数多く存在する。当たり前のことではあるが、このことはお断りしておきたい。

IとIIで挙げた文献は、複数の章で参照されている。その他の文献で、複数の章にわたって出てくるものは、初出のところで書名をあげておく。また、IとIIを中心に、必要な場合には、文献についての簡単な説明やコメント、そしてウェーバー全集MWGの巻番号を〔　〕に入れて記す。

IIIでは、各章で言及したウェーバー自身のテクストと関連文献を、論述の順番に列挙している。本文では明示的に名前を挙げていないが、内容的に重要な関連文献も組み込んでいる。

I　ウェーバーの重要著作

Max Weber-Gesamtausgabe, Tübingen: J. C. B. Mohr（Paul Siebeck）〔ウェーバー全集。1984年からドイツで刊行され、まもなく全巻が完結する。ウェーバー自身の文章を引用するときには、この全集版に依拠する。MWGと略記されることが多く、本書でもこの略号を用いている。I書籍・講演、II書簡、III講義の三つから構成されている。たとえばMWG I/17は全集の第I部第17巻を表す。II書簡は日付の順番に掲載されている。なお、全集版ではなく、初出の雑誌や個々の著作のテクスト・データに依拠したものであるが、デジタル・ライブラリーZeno.orgでウェーバーの主要著作を読むことができる。http://www.zeno.org/Soziologie/M/Weber,+Max〕

『社会科学と社会政策にかかわる認識の「客観性」』富永祐

野口雅弘（のぐち・まさひろ）

1969年東京都生まれ．早稲田大学大学院政治学研究科博士課程単位取得退学．哲学博士（ボン大学）．早稲田大学政治経済学術院助教，岐阜大学教育学部准教授，立命館大学法学部教授などを経て，現在，成蹊大学法学部教授．専門は，政治学・政治思想史．

著書『闘争と文化——マックス・ウェーバーの文化社会学と政治理論』（みすず書房，2006）
『官僚制批判の論理と心理』（中公新書，2011）
『忖度と官僚制の政治学』（青土社，2018）

訳書 シュヴェントカー『マックス・ウェーバーの日本——受容史の研究 1905-1995』（共訳，みすず書房，2013）
ウェーバー『仕事としての学問　仕事としての政治』（講談社学術文庫，2018）
ノイマン／マルクーゼ／キルヒハイマー『フランクフルト学派のナチ・ドイツ秘密レポート』ラウダーニ編（みすず書房，2019）
ほか

マックス・ウェーバー
中公新書 2594

2020年 5 月25日初版
2020年 8 月30日 4 版

著　者　野口雅弘
発行者　松田陽三

本文印刷　三晃印刷
カバー印刷　大熊整美堂
製　　本　小泉製本

発行所　中央公論新社
〒100-8152
東京都千代田区大手町 1-7-1
電話　販売 03-5299-1730
　　　編集 03-5299-1830
URL http://www.chuko.co.jp/

Published by CHUOKORON-SHINSHA, INC.
Printed in Japan　ISBN978-4-12-102594-4 C1210

中公新書刊行のことば

いまからちょうど五世紀まえ、グーテンベルクが近代印刷術を発明したとき、書物の大量生産は潜在的可能性を獲得し、いまからちょうど一世紀まえ、世界のおもな文明国で義務教育制度が採用されたとき、書物の大量需要の潜在性が形成された。この二つの潜在性がはげしく現実化したのが現代である。

いまや、書物によって視野を拡大し、変りゆく世界に豊かに対応しようとする強い要求を私たちは抑えることができない。この要求にこたえる義務を、今日の書物は背負っている。だが、その義務は、たんに専門的知識の通俗化をはかることによって果たされるものでもなく、通俗的好奇心にうったえて、いたずらに発行部数の巨大さを誇ることによって果たされるものでもない。現代を真摯に生きようとする読者に、真に知るに価いする知識だけを選びだして提供すること、これが中公新書の最大の目標である。

私たちは、知識として錯覚しているものによってしばしば動かされ、裏切られる。私たちは、作為によってあたえられた知識のうえに生きることがあまりに多く、ゆるぎない事実を通して思索することがあまりにすくない。中公新書が、その一貫した特色として自らに課すものは、この事実のみの持つ無条件の説得力を発揮させることである。現代にあらたな意味を投げかけるべく待機している過去の歴史的事実もまた、中公新書によって数多く発掘されるであろう。

中公新書は、現代を自らの眼で見つめようとする、逞しい知的な読者の活力となることを欲している。

一九六二年一一月

中公新書

哲学・思想

a 1

1 日本の名著(改版) 桑原武夫編
2187 物語 哲学の歴史 伊藤邦武
2378 保守主義とは何か 宇野重規
2522 リバタリアニズム 渡辺 靖
2591 白人ナショナリズム 渡辺 靖
2288 フランクフルト学派 細見和之
2300 フランス現代思想史 岡本裕一朗
2036 日本哲学小史 熊野純彦編著
832 外国人による日本論の名著 佐伯彰一・芳賀 徹編
1696 日本文化論の系譜 大久保喬樹
312 徳川思想小史 源 了圓
2097 江戸の思想史 田尻祐一郎
2276 本居宣長 田中康二
2458 折口信夫 植村和秀
2535 事大主義—日本・朝鮮・沖縄の「自虐と侮蔑」 室井康成

1989 諸子百家 湯浅邦弘
36 荘 子 福永光司
1695 韓 非 子 冨谷 至
1120 中国思想を考える 金谷 治
2042 菜 根 譚 湯浅邦弘
2220 言語学の教室 西村義樹・野矢茂樹
1862 入門！ 論理学 野矢茂樹
448 詭弁論理学(改版) 野崎昭弘
593 逆説論理学 野崎昭弘
1939 ニーチェ—ツァラトゥストラの謎 村井則夫
2594 マックス・ウェーバー 野口雅弘
2597 カール・シュミット 蔭山 宏
2257 ハンナ・アーレント 矢野久美子
2339 ロラン・バルト 石川美子
674 時間と自己 木村 敏
1829 空間の謎・時間の謎 内井惣七
814 科学的方法とは何か 浅田彰・黒田末寿・佐和隆光・長野敬・山口昌哉

2176 動物に魂はあるのか 金森 修
2495 幸福とは何か 長谷川 宏
2505 正義とは何か 神島裕子
2203 集合知とは何か 西垣 通

宗教・倫理

中公新書

世界史

e2

2050 新・現代歴史学の名著 樺山紘一編著
2253 禁欲のヨーロッパ 佐藤彰一
2409 贖罪のヨーロッパ 佐藤彰一
2467 剣と清貧のヨーロッパ 佐藤彰一
2516 宣教のヨーロッパ 佐藤彰一
2567 歴史探究のヨーロッパ 佐藤彰一
1045 物語 イタリアの歴史 藤沢道郎
1771 物語 イタリアの歴史 II 藤沢道郎
2508 貨幣が語る ローマ帝国史 比佐 篤
2413 ガリバルディ 藤澤房俊
2595 ビザンツ帝国 中谷功治
2152 物語 近現代ギリシャの歴史 村田奈々子
2440 バルカン―「ヨーロッパの火薬庫」の歴史 M・マゾワー 井上廣美訳
1635 物語 スペインの歴史 岩根圀和
1750 物語 スペインの歴史 人物篇 岩根圀和
1564 物語 カタルーニャの歴史（増補版） 田澤 耕
2582 百年戦争 佐藤 猛
1963 物語 フランス革命 安達正勝
2286 マリー・アントワネット 安達正勝
2466 ナポレオン時代 A・ホーン 大久保庸子訳
2529 ナポレオン四代 野村啓介
2318 2319 物語 イギリスの歴史（上下） 君塚直隆
2167 イギリス帝国の歴史 秋田 茂
1916 ヴィクトリア女王 君塚直隆
1215 物語 アイルランドの歴史 波多野裕造
1420 物語 ドイツの歴史 阿部謹也
2304 ビスマルク 飯田洋介
2490 ヴィルヘルム2世 竹中 亨
2583 鉄道のドイツ史 鴋澤 歩
2546 物語 オーストリアの歴史 山之内克子
2434 物語 オランダの歴史 桜田美津夫
2279 物語 ベルギーの歴史 松尾秀哉
1838 物語 チェコの歴史 薩摩秀登
2445 物語 ポーランドの歴史 渡辺克義
1131 物語 北欧の歴史 武田龍夫
2456 物語 フィンランドの歴史 石野裕子
1758 物語 バルト三国の歴史 志摩園子
1655 物語 ウクライナの歴史 黒川祐次
1042 物語 アメリカの歴史 猿谷 要
2209 アメリカ黒人の歴史 上杉 忍
1437 物語 ラテン・アメリカの歴史 増田義郎
1935 物語 メキシコの歴史 大垣貴志郎
1547 物語 オーストラリアの歴史 竹田いさみ
2545 物語 ナイジェリアの歴史 島田周平
1644 ハワイの歴史と文化 矢口祐人
2561 キリスト教と死 指 昭博
2442 海賊の世界史 桃井治郎
518 刑吏の社会史 阿部謹也